LE CHRISTIANISME EN FACE DU SOCIALISME.

ÉTABLISSEMENT TOUT DIVIN DU CHRISTIANISME

PROPHÉTIES QUI L'ANNONCENT. — SON INFLUENCE CIVILISATRICE SUR LE GENRE HUMAIN,

PAR

A.-B.-E. DE BIENASSIS DE CAULUSON

Auteur de plusieurs écrits historiques.

FIDES EX AUDITU,
La Foi vient de l'audition de la parole de vie.
(*Ep. de S. Paul aux Rom.*, X, 17.)

Prix : 3 francs.

BORDEAUX,
P. DUCOT, LIBRAIRE DE L'ARCHEVÊCHÉ,
Fossés des Carmes, nº 13.

1850

ÉTABLISSEMENT

TOUT DIVIN

DU CHRISTIANISME

Bordeaux, Imprimerie de G.-M. DE MOULINS,
rue Montméjan, 7.

LE CHRISTIANISME EN FACE DU SOCIALISME.

ÉTABLISSEMENT TOUT DIVIN DU CHRISTIANISME

PROPHÉTIES QUI L'ANNONCENT. — SON INFLUENCE CIVILISATRICE SUR LE GENRE HUMAIN,

PAR

A.-B.-E. DE BIENASSIS DE CAULUSON

Auteur de plusieurs écrits historiques.

FIDES EX AUDITU,
La Foi vient de l'audition de la parole de vie.
(*Ep. de S. Paul aux Rom.*, X. 17.)

BORDEAUX,
P. DUCOT, LIBRAIRE DE L'ARCHEVÊCHÉ,
Fossés des Carmes, nº 13.

1850

PROSPECTUS.

Grand nombre d'esprits fascinés par une philosophie fallacieuse, avaient pensé dans ces derniers temps qu'un État constitué pouvait se passer d'idées religieuses. Pour donner un grand exemple au monde, et faire revenir ces esprits prévenus d'une erreur si capitale, Dieu a permis qu'il s'élevât au sein de notre société moderne, devenue anti-religieuse, de nouvelles sectes bien autrement dangereuses que toutes celles qui les avaient précédées, puisqu'elles ont abjuré toute croyance, et d'où sont sortis des novateurs qui, renversant tous les principes constitutifs reçus depuis l'origine des sociétés et auxquels elles doivent leur existence et leur durée, ont rêvé la suppression de la société actuelle, pour y substituer une agglomération d'individus sans liens moraux, n'ayant d'autre intérêt que celui des appétits sensuels, des jouissances matérielles, réduisant ainsi la nature humaine à l'état de la brute, au pur instinct. Qui n'aurait horreur d'une telle dégradation? Nous y arrivons cependant en rejetant les hauts enseignements du Christianisme sans lequel la société humaine ne peut subsister aujourd'hui. C'est pour le prouver que nous avons composé cet ouvrage, que nous présentons à ceux qui voudront bien en être les Souscripteurs. Nous pensons qu'il ne saurait être trop répandu pour l'instruction et le bonheur de l'humanité.

Du moment que l'édifice social est ébranlé et menace ruine par l'effet des fausses doctrines qui ne sont malheureusement que trop répandues, il est du devoir de l'honnête homme, du bon citoyen, de préparer sa pierre et son ciment pour en réparer les brèches, a-t-il été dit. En cette occurrence, je n'ai pas voulu rester en arrière, j'ai travaillé à l'œuvre réparatrice et conservatrice, et c'est au peuple français que je m'adresse.

NOMS DES SOUSCRIPTEURS.

NN. SS. L'Archevêque de Bordeaux.
L'Archevêque d'Auch.
L'Évêque d'Agen.

Département de la Gironde.

A BORDEAUX.

MM. Allary (l'abbé), curé de Saint-Éloi.
Arnoux (Aug.), propriétaire.
Bastard (Baron de), conseiller.
Beauvais (H. de), chef d'institution.
Béchade (Baron de), conseiller.
Béchade (Aug. de), propriétaire.

MM. Béchade (Louis de), propriétaire.
Bessombe, chef d'institution.
Brivazac fils (L. de), propriétaire.
Brousse (Eug.), agent de change.
Buhan (Henri), courtier d'assurance.
Castex (François), propriétaire.
Chabannes (l'abbé), curé de Saint-Nicolas.
Collineau (l'abbé), curé de Saint-Louis.
Dégrange-Bonnet, président.
Dégrange-Touzin.
Delpech, conseiller.
Dubosc (Stanislas), courtier.
Dulorié (l'abbé), curé de N.-D.
Duluc (Louis), propriétaire.
Dupac (Marie), avoué.
Dupont (Charles), avoué.
Ferrière (André), négociant.
Feytit (E.), adjoint à la Mairie.
Forgeaux (Charles), commissaire de la République à la Monnaie.
Gauvry, conseiller.
Gourreau (Hug.), courtier.
Gout-Desmartres (E.).
Grangeneuve jeune, notaire.
Hostin, conseiller.
Imbert-de-Bourdillon, conseiller.
Journu frères.
Lablanchetais (H.), propriétaire.
Lafon, docteur-médecin.
Laloubie (de), conseiller.
Larose (de), propriétaire.
Larré, avoué.
Léris, juge.
Levieux, docteur-médecin.

MM. Libéral, courtier.
Monbadon (A. de).
Oré, chef d'institution.
Paris (Benjamin), négociant.
Paris (Émile), négociant.
Passade neveu, négociant.
Perrière (Aug.), chef d'institution.
Perrin (A.), docteur-médecin.
Perrin (Aug.), courtier d'assurance.
Petiteau (l'abbé), curé de Saint-Paul.
Pichon-Longueville (A. de).
Promis (An.), chanoine-honoraire.
Ravez (Aug.).
Rigagnon (l'abbé), curé de Saint-Martial.
Sabatier (l'abbé).
Savignac (de).
Seiglière (F. de la), premier-président.
Sèze (Madame Caroline-Raimond de).
Siadoux, chef d'institution.
Soissons (l'abbé de), curé de Saint-Seurin.
Souiry (l'abbé), curé de Sainte-Eulalie.
Taillefer (H.), chanoine.
Thierrée, notaire.
Vallat, inspecteur de l'Université.
Védrines, conseiller.
Worms (J.), chef d'institution.

A BAZAS.

M. Martial (l'abbé), chanoine-honoraire, principal et directeur du collége.

A CRÉON.

Madame Brun, à *Montastruc*.

A PAUILLAC (*Médoc*).

MM. Un anonyme.
Un anonyme.
CHAUVET (de), maire.
CONSTANT, propriétaire.
DEBIA, receveur.
LACOSTE (F.) fils, propriétaire.
LESPARRE-DUBOC, propriétaire.
PERIER (J.), pharmacien.
PONTET (de), propriétaire.

Département de Lot-et-Garonne.

AGEN.

MM. BEAUGRAND (L.), avocat.
DELARD (Alphonse), propriétaire.
DESMOLIN, conseiller.
DESPEYROUX (Charles), juge-de-paix.
DESTERMES, notaire.
DUFORT DU BATIMENT, conseiller.
DUCOS, avocat.
LACROIX-VAUBOIS (de), conseiller.
LAMOUROUX (G.), agent de change.
LAROCHE (Louis), propriétaire.
LÉONARD (A. de), propriétaire.
RAYMOND (comte de).
REMI, banquier.
ROLLAND (de), propriétaire.
ROUGE, principal du collége.

MM. Sevin-Lile (de).
Trenquelléon (Léopold de).

A AIGUILLON.

MM. Garrigue de Pernac, avocat.
Merle de Massonneau, ancien député.
Nebout (Adolphe).
Vialard (l'abbé), curé, chanoine-honoraire.

A BRUCH.

MM. Bernière (l'abbé), curé.
Gayet, notaire.
Villate, docteur-médecin.
Coder de Saint-Loup, *près Montagnac.*

A FEUGAROLE.

MM. Gimac, *à Thomas.*
Guilloutet (de), *à Castel-Vieil.*

A LAVARDAC.

M. Auriére (l'abbé J.), curé.

A LEYRAC.

M. Landau (l'abbé), curé.

A MARMANDE.

MM. Cazenove de Pradines.
Drouilhet de Sigalas.

A MÉZIN.

M. VIGIER fils (de).

A MONTESQUIEU.

MM. BOUYOU DE LAPRADE, *à Francissé.*
DUFFOURC DE CHAUMEL.
MONTAULIEU, *au Balia.*
RIGAUD, officier retraité, chevalier de la Légion d'honneur.

A NÉRAC.

MM. DARNAU, receveur principal.
LAFFITE, procureur de la République.
LAVAL (L. d'Albert de), propriétaire.
LE SUEUR DE PÉRÈS, président.
MONTHUS, juge.

A PORT SAINTE-MARIE.

MM. GAZÈRE.
GOURY (l'abbé), curé.
LAVIELLE, ancien maire.
ROMAIN DE PLANTEY.
ROGER BELLEGARDE, *à Clermont-Dessous.*
LAPERRIÈRE (L. de), propriétaire, *à Lacépède.*

A SAINT-LAURENT.

MM. CONQUERET (JEAN).
DAUZAC DE LAMARTINIE, *à la Corcine.*

MM. Lavielle (Ferdinand), maire.
Legrix de Tustal, au Paravis.
Plantade, curé.

A SÉRIGNAC.

MM. Ducourneau, instituteur-primaire.
Dufort aîné, propriétaire.
Lamolère, docteur-médecin.

A TONNEINS.

MM. Laporte (Victor), propriétaire.
Le Béchu de la Bastay, régisseur de la manufacture des tabacs.
Pradines (de), contrôleur de la comptabilité.

A VILLENEUVE.

MM. Bourran (de), propriétaire.
Chasteigner (Alexis de).
Grammont (Madame de).
Vidal (l'abbé), aumônier de la maison de détention d'Essues.
Delas, propriétaire à Bégourda, commune de Combe-Bonnet, canton de Beauville.

Département du Gers.

A AUCH.

M. Batz (de).

A LECTOURE.

MM. A. ALGANON.
ANONYME.
BARTHEROTE, coiffeur.
BASTAR (Madame la baronne de).
BOUBÉE-LACOUTURE (de), juge.
CANTALOUP, avocat, ancien magistrat.
DUCOS, principal du collége.
DUPIN, aumônier.
DUTHUZA-FAUVEL (Madame).
GRABIAS (Louis).
MAUCO (l'abbé), curé de Saint-Gervais.
PÉRÈS (l'abbé), curé du Saint-Esprit.
SENTIS (l'abbé), prêtre-aumônier.

A FLEURANCE.

M. LARY-DE-LATOUR (de).

AVIS.

Pour rassurer ceux de mes Lecteurs consciencieux, qui pourraient craindre qu'il se fût glissé dans mon ouvrage quelque expression contraire à la foi catholique, je les invite à jeter un coup-d'œil sur la déclaration suivante :

A l'invitation de M. Carney, Grand-Vicaire de Monseigneur l'Évêque d'Agen, j'ai écouté attentivement la lecture, faite par son auteur, de l'ouvrage intitulé : Établissement tout divin du Christianisme, etc. *Je déclare et affirme qu'il ne renferme rien de contraire aux dogmes de la foi catholique et à la morale de l'Évangile. Il me paraît donc que cet ouvrage, si intéressant d'ailleurs sous d'autres rapports, ne peut qu'être d'une grande utilité pour les Catholiques et toutes les personnes qui, de bonne foi, cherchent la vérité. Nous aimons à le dire hautement la garantie de l'Œuvre était déjà pour nous dans l'auteur.*

Agen, le 1er Février 1850,

Signé SERRE,

Prêtre, Inspecteur de l'Œuvre de la Propagation de la Foi.

Vu pour légalisation de la signature de M. Serre, apposée ci-dessus :

A Agen, le 20 Mars 1850.

Signé CARNEY, Vicaire-Général.

Revêtu du Sceau épiscopal.

AVERTISSEMENT.

Au moment où l'on semble revenir aux principes religieux, qui seuls garantissent les bonnes mœurs et assurent par elles la paix publique, il est utile et nécessaire de rappeler quels sont les fondements de la foi chrétienne. C'est ce qui a donné l'idée de publier l'écrit suivant qui, dans sa précision, renferme les plus grands motifs de détermination qui puissent convaincre les bons esprits, et faire tomber des préventions mal fondées. Unissons-nous tous dans cette même foi, et la paix et la concorde entre les citoyens en sera le fruit : car nous n'aurons plus qu'un cœur et qu'une âme, et nous reviendrons aux temps apostoliques. Combien peu dans le siècle où nous sommes ont une teinture des Saintes-Lettres ! On ne lit que pour s'amuser ou se corrompre, on ne lit que des romans ou des journaux. De là une indifférence complète en matière religieuse. On ignore assez généralement jusqu'aux plus simples notions du Christianisme. On ne se doute pas qu'il est établi sur des fondements inébranlables. Cet opuscule, à portée de toutes les intelligences et de toutes les bourses, est destiné à le prouver. Puisse la divine Providence, pour la gloire de laquelle il a été entrepris, lui donner sa bénédiction en le rendant fructueux à nos frères en Jésus-Christ !.... Pleinement convaincus des vérités du Christianisme, devenus hommes de foi, ils seront sourds à toutes les suggestions, à toutes les insinuations perfides des ennemis de tout ordre, de tout bien, détracteurs insensés de la société, de la famille, de la propriété et du pouvoir.

Avant d'en venir au récit des faits évangéliques j'ai cru nécessaire de raconter succinctement les divers affaiblissements qu'avait éprouvés auparavant l'état judaïque, et qui provoquèrent son entière destruction. La *Première Partie* de mon œuvre est donc l'histoire de la dissolution de l'État judaïque faisant place à l'*Établissement tout divin du Christianisme*, annoncé par un si grand nombre de prophéties, dont la plupart ont été renvoyées à la *Seconde Partie* de l'ouvrage, où l'on trouvera en outre des explications et des observations importantes sur les faits relatés dans la *Première*.

PREMIÈRE PARTIE.

ÉTABLISSEMENT
TOUT DIVIN
DU CHRISTIANISME.

PREMIÈRE PARTIE.
(HISTORIQUE.)

ARGUMENT.

État politique de la Judée vers l'époque de la venue du Messie. — Affaiblissement et fin de la dynastie des Asmonéens. — Règne d'Hérode et de ses Successeurs, jusqu'à l'entière dispersion des Juifs parmi les nations sur toute la terre et à la destruction complète de leur état politique, conformément aux célèbres prophéties de Jacob mourant et de Daniel. — Établissement tout divin du Christianisme.

Décadence de la monarchie des Asmonéens.

La monarchie des Asmonéens, fondée en Judée par les glorieux Machabée, était à son déclin. Hyrcan et Aristobule, tous les deux fils d'Alexandre Jannée, contribuèrent à sa ruine, en se la disputant à main armée. Pompée, qui achevait de soumettre l'Orient aux Romains, en se déclarant pour Hircan, le fit triompher de son frère. Mais il mit un haut prix à sa protection, détacha plusieurs villes de la Judée pour les annexer à la province de Syrie, démantela Jérusalem et rendit les Juifs tributaires des Romains. Les troubles néanmoins ne cessèrent point en Judée : Aristobule et ses fils, détenus à Rome, parvinrent à s'évader de leur prison, et de retour dans leur patrie, y levèrent des troupes à la tête desquelles ils se mirent en mesure de disputer encore à Hyrcan sa double souveraineté civile et religieuse. Antipater Iduméen, fils d'un certain Antipas, ancien gouverneur de l'Idumée, et qui avait été élevé à la cour d'Alexandre Jannée, auprès duquel il avait beaucoup appris, se distinguait parmi les officiers d'Hyrcan, par ses talents et par son courage. C'était lui qui avait remonté le moral de ce Prince, d'un caractère faible et indécis, et avait le plus contribué par ses conseils et son courage à son premier rétablissement. Hyrcan dût le second à Gabinius, gouverneur de Syrie pour les Romains : maître de la personne de chacun de ces compétiteurs, il les renvoya en captivité à Rome. La guerre civile qui éclata bientôt, entre César et Pompée, les rendit à la liberté ; mais Aristobule et son fils aîné, Alexandre, ne tardèrent pas à perdre la vie, à la suite de plusieurs engagements qui ne leur furent pas favorables. Celui-ci eut la tête tranchée, son père fut empoisonné. Il ne restait plus que le second fils d'Aristobule, le jeune Antigone, qui crut devoir attendre un moment plus heureux pour relever sa fortune, tandis qu'Hyrcan, ne né-

gligeant rien de son côté pour se maintenir, se déclarait pour César, vainqueur de son rival Pompée à Pharsale, et envoyait Antipater, son bras droit et son conseil, en Égypte, au secours du héros Romain qui s'y trouvait comme assiégé. Antipater remplit parfaitement sa commission, en contribuant, plus qu'aucun autre, à dégager César qui sut reconnaître un service aussi important; car, étant venu d'Égypte en Syrie pour régler les affaires de cette province, loin d'écouter Antigone qui vint se jeter à ses pieds, pour lui demander la succession de son père au trône et à la grande Sacrificature des Juifs, il confirma Hyrcan dans la possession de ces deux dignités, lui permettant ensuite de relever les murs de Jérusalem, l'année même qu'il
L'an 44 av. J.-C. fût horriblement assassiné en plein sénat. Antipater fut pourvu de la charge de Procurateur du pays sous Hyrcan. Il avait eu de sa femme Cypros quatre fils : Phazaël, Hérode, Joseph et Phéroras, et une fille du nom de Salomé. D'après l'autorisation d'Hyrcan, le gouvernement de Jérusalem fut donné à son aîné, et celui de la Galilée à son second fils. Ainsi s'élevait cette famille pendant que celle des Asmonéens s'affaiblissait de plus en plus.

Antigone, poursuivant le projet qu'il n'avait pas abandonné de reconquérir le trône que son père avait perdu, ayant obtenu des troupes de Fabius qu'il avait gagné par argent, se mit en campagne; mais il fut défait par Hérode, qui retourna triomphant dans Jérusalem, où il fut reçu avec transport par Hyrcan, qui venait de perdre Antipater, mort empoisonné par un nommé Malchus, son favori, qu'il avait comblé de bienfaits. Antigone, dont les revers n'avaient pas abattu le courage, voyant qu'il n'avait rien à attendre des Romains, divisés alors entr'eux, et d'ailleurs peu disposés d'inclination pour lui, se tourna du côté des Parthes : il promit à Orode, leur roi, mille talents et cinq cents femmes. Orode, profitant des guerres civiles qui déchiraient les Romains, avait envoyé son fils Pacore en Syrie pour ruiner ce pays. Celui-ci fit passer en Judée son lieutenant Barzapharnès, qui marcha vers Jérusalam avec Antigone. Cet officier trompa, par des espérances d'accommodement, la bonne foi d'Hyrcan et de Phazaël, qui, s'étant rendus à lui, furent mis aux fers. Les Parthes, arrivés à Jérusalem, n'y trouvèrent plus Hérode : il s'était sauvé en Égypte. Barzapharnès plaça Antigone sur le trône et lui livra son oncle Hyrcan ainsi que Phazaël; il assiégea ensuite la place de Massada, où commandait Joseph, frère d'Hérode. Ce gouverneur fut tué dans l'action qui précéda la prise de la ville; on lui trancha la tête; il ne laissait qu'une fille nommée Mariamne.

L'an 35 avant J.-C. Antigone, ayant pris possession du trône qu'avait occupé son père, fit couper les oreilles à son oncle pour le rendre incapable du sacerdoce (il ne fallait pas qu'il manquât la moindre partie du corps au souverain Sacrificateur, selon le Lévitique); puis il le rendit aux Parthes, qui l'amenèrent en Orient où il demeura prisonnier à Séleucie, en Babylonie, jusqu'au règne de Phraate, qui lui rendit la liberté. Les Juifs, répandus dans le pays, le prirent pour leur Pontife et lui firent une pension honorable. Nous le verrons retourner par la suite à Jérusalem sur l'invitation d'Hérode, devenu roi. Il avait possédé le gouvernement trois mois après la mort de sa mère Alexandra; il régna après son frère Aristobule vingt-quatre ans. Quant à Phazaël, pour se dérober au supplice qui lui était préparé, il se tua lui-même dans sa prison. Hérode devenu roi, pour honorer la mémoire de ce frère qu'il chérissait, lui fit élever dans Jérusalem une tour magnifique qui fut appelée de son nom *Phazaël*, et une ville du même nom dans la vallée de Jéricho, au Nord de cette dernière. Après avoir vengé la mort de son père, il fit aussi bâtir en son honneur sur la côte de Phénicie, une ville qu'il appela Antipatride. C'était auparavant un bourg, connu sous le nom de Capharsalama, et devenu célèbre par la victoire de Judas Machabée sur les troupes du roi de Syrie, commandées par son général Nicanor.

D'Égypte, où il s'était retiré pour y attendre et observer les évènements, Hérode vint à Rome : il y trouva Antoine tout puissant et disposé à lui rendre service. Son intention était de lui demander la couronne de Judée pour Aristobule encore fort jeune, fils d'Alexandra, fille d'Hyrcan, et d'Alexandre, fils aîné d'Aristobule, frère d'Hyrcan, qui réunissait par conséquent, en sa personne, les droits des deux frères. Mariamne, princesse aussi vertueuse que belle, promise depuis longtemps à Hérode, était sa sœur. Hérode espérait gouverner sous lui. Antoine, démêlant et prévenant ses vues ambitieuses, lui fit donner la couronne, à lui-même, par le Sénat. Hérode partit aussitôt pour la Judée, avec un ordre expédié à Sosius, gouverneur de Syrie, lui intimant de l'aider de ses forces. Antigone de son côté fit toutes les dispositions nécessaires pour défendre ses droits; mais ses moyens de défense ne répondaient point à son courage. Ne pouvant tenir la campagne devant des forces supérieures, il fut obligé de se renfermer dans Jérusalem. L'armée des Romains et celle qu'Hérode avait réunie formaient un total de soixante mille hommes. Hérode, après avoir épousé solennellement Mariamne à Samarie, revint devant Jérusalem pour en former le siége en règle, conjointement avec Sosius. Ce siége dura plus de six mois, tant la résistance fut opiniâtre : la ville, ayant été prise, fut abandonnée au pillage. Antigone se rendit à Sosius, qui le chargea de fers et l'envoya à Antoine, qui était alors à Antioche, où il eût la tête tranchée par la hache du licteur, ce qui fut fait par ordre d'Antoine, qui avait reçu d'Hérode, pour cette exécution, une grosse somme d'argent. Telle fut la fin du dernier de la race des Asmonéens, qui occupa le trône de Judée. Cette famille l'avait tenu cent vingt-neuf ans, en remontant à Judas Machabée. Antigone ne le posséda que deux ans, et Hérode Ascalonite, c'est-à-dire, né à Ascalon, ville alors d'Idumée, prit possession de ce trône, qui lui était étranger et s'y maintint toute sa vie avec une habileté qui lui a fait donner le surnom de *grand*, que certainement il ne dût pas à ses vertus.

L'an 33 avant J.-C. et l'an 37 avant l'ère vulgaire.

Hérode Roi.

La souveraine Sacrificature, unie à la Souveraineté temporelle, sous les Asmonéens, était alors d'une bien grande importance. Pour avilir cette dignité, désormais séparée de la royauté, Hérode la donna à un Juif, de nulle considération, nommé Ananel, qu'il avait fait venir tout exprès de Babylone. La conduite d'Hérode sur le trône, n'est qu'un tissu de dissimulations, d'artifices et de crimes. Pour se concilier l'affection des Juifs, il avait cru devoir s'unir à la famille des Asmonéens, en épousant une princesse de leur sang, bien digne d'ailleurs du plus vif intérêt, pour son amabilité qui relevait encore davantage son extrême beauté. Mais, redoutant cette famille quoique abattue, il craignait de lui laisser la moindre influence. Alexandra, d'un caractère tout opposé à celui de sa fille Mariamne, était aussi ambitieuse, aussi vaine, que celle-ci était humble et modeste ;

elle fut la principale cause de la ruine entière de sa famille. La première démarche inconsidérée, à laquelle elle osa se livrer, fut de s'adresser à Cléopâtre, reine d'Égypte, qui avait tout pouvoir sur Antoine, pour la prier de demander à ce Triumvir la grande Sacrificature pour son fils Aristobule. Mariamne, plus réservée que sa mère, n'avait employé que ses prières, auprès de son époux, pour en obtenir le Pontificat en faveur de son frère. Hérode, d'un côté, ne pouvant résister aux demandes de sa femme, qu'il chérissait réellement, et de l'autre, voulant arrêter les démarches d'Alexandra, qu'il savait être femme à le compromettre, se détermina à accorder à Aristobule, qui était encore fort jeune, le Pontificat qu'il venait en quelque sorte de profaner. Il y avait là beaucoup d'adresse de sa part. Le peuple fut ravi de voir une dignité, jusqu'alors si respectée, rentrer dans la famille qu'il aimait. Hérode en conçut de l'ombrage. Alexandra acheva de lui rendre Aristobule tout-à- fait odieux. L'ambition de cette femme hautaine ne se bornait pas à une charge sans pouvoir, dans la dépendance du Souverain, et, pour cette raison, sujette à mille vicissitudes. Portant ses vues plus haut, elle entreprit de s'évader, avec son fils, dans des coffres, pour aller trouver Cléopâtre. Hérode, naturellement soupçonneux et à qui rien n'échappait, eut connaissance de ce projet avant son exécution ; il fit noyer Aristobule, trop confiant, après l'avoir engagé à prendre un bain. Pour cacher autant que possible la part qu'il avait eue à cette mort, il lui fit faire des funérailles magnifiques; il rétablit ensuite Ananel. Alexandra se douta bien de ce qui en était réellement; mais elle dissimula et continua d'agir plus sourdement encore. Hérode avait attiré le vieux Hyrcan, auprès de lui, pour le tenir sous sa dépendance et être plus à portée de le surveiller. Alexandra, sa fille, ne manqua pas de lui faire part des projets que son ambition lui inspirait : elle lui travailla tellement l'esprit, et l'importuna à un tel point, qu'il se laissa persuader de se retirer chez les Arabes, pour solliciter leurs secours, à l'effet d'être rétabli sur le trône de ses pères. Hérode, prévint son départ, par sa mort, sans être arrêté par son grand âge qui était de quatre-vingts ans.

La fortune d'Hérode semblait être à son terme. La bataille d'Actium venait de décider du sort de son protecteur Antoine. Il se retourna alors du côté d'Octave, résolu de ne rien négliger pour le fléchir. Avant de quitter la Judée, pour aller trouver ce Romain, devenu maître du monde, il confia sa femme Mariamne à l'un de ses favoris, nommé Sohème, afin qu'il la gardât dans le château d'Alexandrion, dont il était gouverneur, avec ordre de la tuer, s'il arrivait qu'Auguste inflexible le condamnât à mort, pour qu'elle ne tombât pas en d'autres mains. On sent que cette résolution était l'effet d'une jalousie portée jusqu'à l'excès. Hérode sut, par ses soumissions, fléchir Auguste qui, non seulement, lui laissa son royaume, mais aussi l'admit dans sa familiarité la plus intime. Hérode, à son retour, apprit par les tendres reproches de Mariamne et par la déposition d'un esclave, que Sohème, vaincu par les grâces et l'affabilité de la reine lui avait révélé l'ordre cruel dont il était chargé. Hérode furieux punit de mort l'indiscrétion de son favori; Mariamne ne tarda pas à éprouver le même sort. Cette princesse, aussi vertueuse que belle, s'attira des ennemis par son air plein de noblesse et de majesté. Ceux dont elle avait rejeté, avec horreur, la poursuite osèrent la calomnier et l'accuser auprès du roi, son époux, de lui avoir été infidèle pendant son absence. Hérode, barbare et soupçonneux, ajouta foi trop légèrement à des rapports artificieusement combinés, et fit mourir celle qu'il aimait passionnément : il ne tarda pas à être désabusé. Les calomniateurs furent punis comme ils le méritaient; mais leur supplice, qui fut atroce, ne put consoler Hérode. Dévoré de chagrin, il tomba dangereusement malade. Lorsqu'il eût recouvré la santé, il fit bâtir, en l'honneur de celle qu'il avait perdue par son imprudence et par sa cruauté, et qui était si digne par ses qualités aimables et les agréments de sa personne d'un meilleur sort, une tour de marbre blanc, remarquable par sa structure et par ses dimensions.

La mort de Mariamne changea entièrement le caractère de sa mère Alexandra. Cette femme, si superbe auparavant, devint lâche et pusillanime; elle poussa la bassesse jusqu'à s'emporter contre sa fille qui n'était plus, et à se joindre à ses calomniateurs. Ce n'était que pour mieux tromper Hérode, qu'elle agissait si bassement. Mais ce prince ombrageux ayant découvert qu'elle cherchait à se rendre maîtresse de deux forteresses de Jérusalem, la fit mourir.

Hérode sut si bien faire sa cour à Auguste, qu'il en obtint l'agrandissement de ses états par le don de nouvelles provinces. Sa reconnaissance envers cet Empereur fut poussée jusqu'à l'impiété : il lui fit élever un temple dans la Trachonitide, fit bâtir, sur le bord de la mer, à l'endroit appelé *la Tour de Strabon*, une ville qu'il nomma *Césarée*, une autre sur les ruines de l'ancienne Samarie, qu'il appela *Sébaste*, mot grec ayant la même signification que celui d'*Auguste* en latin. Il fit plus : sans respect pour la loi de Moïse, il fit placer une aigle dorée sur la grande porte du temple. Agrippa étant venu en Asie, Hérode ne manqua pas d'aller faire sa cour à ce favori d'Auguste : il l'engagea à se rendre à Jérusalem, où il le reçut avec la plus grande magnificence. Il lui emmena l'année suivante une armée et l'aida de ses troupes, de ses conseils et de sa personne.

L'an 14 avant l'ère chrétienne.

Salomé, sœur d'Hérode, princesse artificieuse,

avait pris une grande part à la mort de Mariamne. Son crédit sur l'esprit de son frère, avec lequel elle avait les plus grands traits de ressemblance morale, était extrême. Elle avait épousé dabord un des principaux d'entre les Juifs, nommé Joseph, qu'Hérode fit mourir, l'ayant injustement soupçonné d'avoir voulu séduire Mariamne. Il la donna ensuite à Costobare, gouverneur de l'Idumée et de Gaza, avec lequel elle eut par la suite de si violents démêlés, qu'elle lui envoya le libellé de divorce, ce qui n'était permis par la loi judaïque, qu'aux maris à l'égard de leurs femmes. Hérode, pour satisfaire sa sœur et la débarrasser d'un époux qui lui était à charge, fit enfin mourir Costobare. Salomé, par ses faux rapports, fut encore cause de la mort de plusieurs autres porsonnages recommandables et entr'autres d'Antipater, l'un des plus grands amis d'Hérode. Ce prince avait eu de la belle Mariamne, deux fils, Alexandre et Aristobule et deux filles, Salampso et Cypros. Salomé travailla longtemps à lui rendre suspects les deux jeunes princes, dont l'un avait épousé Glaphyre, fille d'Archélaüs, roi de Cappadoce, l'autre, Bérénice, que Salomé avait eue de Costobare. L'Empereur Auguste arrêta le père prêt à les sacrifier à ses injustes soupçons. On était parvenu à lui persuader qu'ils en voulaient à sa couronne et à sa vie. Les remontrances d'Auguste ne purent lui ôter ses soupçons : il appela auprès de lui, son fils aîné,

Antipater, qu'il avait eu, avant son élévation, d'une femme Ascalonite, nommée Doris, et qu'il faisait élever simplement à l'écart, dans l'intention de l'opposer aux prétentions qu'il supposait à ses fils légitimes, d'après les calomnies de leurs ennemis. Antipater saisit avidement l'occasion de s'élever en s'étudiant à fortifier les inquiétudes de son père et en s'unissant aux calomniateurs de ses frères. Menacé de la guerre par Archélaüs, Hérode se réconcilia deux fois avec Alexandre, celui des deux princes, contre lequel on l'avait le plus indisposé. Mais enfin, pour se débarrasser de tout sujet de crainte à cet égard, il l'immola à ses soupçons aussi bien que son frère Aristobule : l'un et l'autre, par son ordre, furent étranglés à Sébaste où il les avait fait arrêter.

Salomé, après la mort de son second mari, avait voulu épouser un certain Sylléus, ministre d'état d'Obodas roi des Arabes, voisins de la Syrie, qui était venu à la cour d'Hérode pour traiter quelques affaires, et avec lequel elle avait eu quelque commerce de galanterie ; le roi son frère s'y opposa et la força de prendre pour son troisième époux, un de ses favoris nommé Alenas. Lui-même, après la mort de la belle Mariamne, avait épousé une autre femme du même nom, fille de Simon, natif d'Alexandrie, lequel devint de cette affaire souverain Pontife des Juifs. Hérode obligea Jésus, successeur d'Ananel, à se démettre de sa charge de

Grand-Prêtre pour la conférer à son beau-père. La beauté extraordinaire de sa nouvelle épouse consola en quelque sorte ce prince de la perte de la première; il en eut un fils auquel il donna son nom, et qu'il institua par testament son héritier au royaume de Judée, dans le cas où Antipater son aîné mourrait avant lui. Une conspiration, ourdie par l'ingrat et dénaturé Antipater, engagea Hérode à rétracter cette disposition. Ce Prince l'avait envoyé à Rome porter son testament à Auguste, afin d'en obtenir la confirmation. Ce testament appelait au trône de Judée Antipater, et, à son défaut, en cas de mort, le jeune Hérode, son frère consanguin. Antipater qui brûlait du désir de régner, conçut l'affreux projet d'avancer la mort de son père, pour prendre plus tôt possession de sa couronne; avant de partir pour Rome, il mit entre les mains de son oncle paternel Phéroras, un poison subtil qui lui avait été envoyé d'Arabie par son oncle maternel Théodion, et dont avait été porteur son grand ami Antiphile. Phéroras devait faire usage de ce poison sur Hérode, pendant le séjour d'Antipater à Rome, afin que l'éloignement de ce dernier l'empêchât d'être soupçonné de ce crime. Le complot fut découvert : le Roi rappela aussitôt un fils qui ne méritait point son amour, le fit convaincre de son parricide devant Varus, par la déposition de son intendant, qui, mis à la question, révéla toute la conspiration; presque toute la maison d'Hérode s'y trouva compliquée. Antipater, à qui l'on avait donné des gardes, fut mis en prison pour avoir tenté de les corrompre, son ami Antiphile fut puni de la même peine. Les deux femmes du roi, Mariamne et Doris, accusées d'avoir participé au crime, sans avoir pu s'en justifier, furent bannies du palais, et dépouillées de toutes les marques de leur haut rang. Le père même de Mariamne perdit sa charge de souverain Pontife : elle fut donnée à Mathias, fils de Théophile. Phéroras fut le seul qui, par ses artifices, sut adroitement échapper au supplice qu'il méritait; il avait été par ses calomnies, l'un des auteurs de la mort de la belle Mariamne, de ses fils, de sa mère Alexandra, du désordre épouvantable qui régnait dans la maison de son frère. Sollicité par lui d'épouser une de ses nièces, il s'y était constamment refusé ; comblé de faveurs et de témoignages d'attachement de la part du roi son frère, malgré qu'il s'en fût rendu si indigne, il mit le comble à son ingratitude en prenant la part la plus active dans cette nouvelle conjuration. Tout le châtiment qu'il en éprouva, fut d'être relégué dans la Tétrarchie, que son père lui avait laissée au-delà du Jourdain, et d'où il ne revint plus, même pendant la maladie d'Hérode qui ne cessa de l'appeler auprès de lui, pour y venir recevoir les avis importants qu'il voulait lui communiquer, ce qui n'empêcha pas ce Prince, rétabli, d'accourir auprès de

Phéroras, au premier bruit qu'il était tombé malade; après lui avoir fermé les yeux, Hérode fit porter son corps à Jérusalem, où il lui fit des obsèques magnifiques; ce monstre avait gardé jusqu'à sa mort le poison qui lui avait été remis par son neveu Antipater.

Nous venons de donner un aperçu de ce qui s'était passé en Judée dans les hautes régions de la politique depuis une soixantaine d'années environ; et nous croyons avoir assez fait connaître le caractère d'Hérode.

État de la Société à l'époque de la venue du Messie.

Quelles étaient alors les mœurs publiques chez les nations les plus policées du globe? Le tableau en est effrayant : les payens buvaient l'iniquité comme l'eau; leurs idées religieuses étaient la préconisation du vice et l'extinction de toute vertu; l'autorité civile se prêtait à cette désorganisation générale, et les fêtes les plus licencieuses n'étaient pas seulement tolérées, mais ordonnées; le mariage, fondement de la société et des bonnes mœurs, n'était qu'un engagement passager, et qu'il était permis de rompre à son gré. Le concubinage était en honneur, et les courtisanes traitées avec distinction. Le monde moral s'éteignait, et les nations, comme dit l'Écriture, étaient toutes *plongées dans l'ombre de la mort;* les passions les plus infâmes, les vices les plus abjects avaient été divinisés; et, comme l'observe si énergiquement Bossuet, tout était Dieu, excepté Dieu même. La philosophie, loin de remédier au désordre, n'avait fait que l'accroître par ses interminables disputes, et par les opinions insensées de ses adeptes, dans la tête desquels il n'y avait pas d'extravagance qui ne fût entrée, selon l'expression même de Cicéron qui les connaissait bien, comme le prouve son excellent ouvrage *De Naturâ Deorum*. Les disciples d'Epicure faisaient consister la suprême félicité dans la jouissance des voluptés les plus grossières; leur maître enseignait que le monde était dû à la rencontre fortuite des atômes dans le vide ; l'athéisme avait été érigé en système. Le vrai Dieu n'était donc connu qu'en Judée : *Notus in Judœâ Deus* (Ps. 75); encore son culte n'y était-il qu'extérieur chez le plus grand nombre ; on ne l'adorait que du bout des lèvres aux lieux où il avait fait éclater tant de prodiges de bonté. Au reste, deux sectes rivales s'y partagaient l'empire des consciences : les Pharisiens et les Saducéens. Les premiers, attachés aux lois de Moïse, mais entichés de leurs prétendues traditions, poussaient leurs prétentions exagérées, jusqu'au gouvernement de l'état, et, par une opposition systématique, avaient souvent entravé l'administration des Asmonéens. Hérode, qui ne souffrait point de maîtres, avait su réprimer leurs envahissements. —Les seconds, qui foulaient aux pieds le fastueux rigorisme de leurs adversaires, prêchaient le sensualisme, et c'était la seule croyance des riches et des grands; quelques justes, en petit nombre, soupiraient après un avenir qui leur paraissait peu éloigné, où la face du monde moral devait être renouvelée et la vraie justice établie sur la terre.

En effet, les temps de miséricorde, de bénédiction et de salut, annoncés par tant de prophéties et par une suite d'événements merveilleusement ménagés, chez une nation, choisie à dessein non seulement pour en perpétuer d'âge en âge l'intéressante annonce, mais encore pour les produire; ces heureux temps étaient arrivés. Un messager céleste est envoyé à Nazareth, ville de Galilée, chez une jeune Vierge, nommée Marie (de la race royale de Juda, déchue depuis si longtemps), promise en mariage à un artisan de la même famille, nommé Joseph (*) : « Je vous salue pleine de » grâce, — lui dit l'Ange en l'abordant, — le Sei» gneur est avec vous, vous êtes bénie par dessus » toutes les femmes. » La jeune fille, troublée à ce discours, ne peut concevoir ce que veut dire une pareille salutation : « Ne craignez point, Marie, — » ajouta l'ange, — vous avez trouvé grace devant » Dieu, vous allez concevoir, et vous enfanterez un » fils que vous appellerez Jésus : il sera grand et sera

(*) Chez les Juifs, les fiançailles précédaient souvent de plusieurs années le mariage, et cet usage existe encore parmi eux, où l'on voit de très-jeunes personnes porter, sans être encore mariées, l'anneau reçu aux fiançailles.

» appelé le Fils du Très-Haut, le Seigneur notre » Dieu lui donnera le trône de David son père, et il » règnera éternellement et sans fin dans la maison » de Jacob. » — « Comment ce que vous m'annoncez pourrait-il avoir lieu, — dit Marie à l'Ange, » — puisque je ne connais point d'homme ? » — « Le » Saint-Esprit surviendra en vous, — lui répond » l'Ange, — et la vertu du Très-Haut vous couvrira » de son ombre, et voilà pourquoi celui qui naîtra » de vous sera Saint, et sera appelé le fils de Dieu ; il » y a six mois que votre cousine elle-même, Elisa- » beth, quoique avancée dans sa vieillesse et stérile, » a conçu un fils, parce qu'il n'y a rien d'impossible » à Dieu. » — « Je suis la servante du Seigneur, — » dit alors Marie, — qu'il me soit fait selon votre » parole. » (Quelle simplicité, et en même temps, quelle grandeur dans ce récit!) Et, dès ce moment, le Fils éternel de Dieu le Père prit chair dans le sein de Marie, selon cette parole étonnante du prophète Isaïe, prononcée depuis si longtemps (*) : « Écoutez, » Maison de David : Le Seigneur fera un prodige » en votre faveur, (prodige tel, en effet, qu'il n'a pu » tomber sous le sens de qui que se soit, sans une » révélation divine), une vierge concevra et enfan- » tera un fils dont le nom sera *Emmanuel*. » Ce mot veut dire *Dieu avec nous*; c'est-à-dire, que celui qui devait le porter, réunirait en lui la nature di-

(*) Au temps d'Achaz, roi de Juda.

vine, et la nature humaine (I. *Seconde Partie.*). La raison conçoit seulement que le Fils de Dieu fait homme, ne pouvait naître autrement.

Quelques jours après la salutation de l'Ange, Marie s'empressa d'aller voir sa cousine Elisabeth, dans la maison de Zacharie, son époux, pour la féliciter sur sa grossesse, qu'elle avait cachée jusqu'alors, mais que Marie avait sue par la révélation que lui avait faite l'ange, et aussitôt qu'Elisabeth, eut reçu son compliment, le fruit qu'elle portait dans son sein tressaillit de joie, et, s'adressant à Marie, elle s'écria dans un transport prophétique qui lui était inspiré par l'Esprit-Saint : « Vous » êtes bénie par-dessus toutes les femmes, et le » fruit de votre ventre est béni ; d'où me vient donc » ce bonheur que la mère de mon Seigneur vienne » me voir ! Vous êtes heureuse d'avoir cru, car » tout ce qui vous a été prédit de la part du Sei- » gneur s'accomplira en vous ! » Et c'est alors que Marie proféra ce beau cantique que l'Église met avec tant de pompe, dans la bouche de ses enfants, dans le premier de ses offices du soir.

Joseph, qui était un homme de bien, s'étant aperçu que Marie, à qui il n'était encore que fiancé, était enceinte, forma la résolution de renoncer à elle sans éclat, pour ne point la compromettre, mais comme il s'occupait de ces pensées, un Ange lui apparut pendant la nuit, et lui dit de ne point craindre de prendre Marie pour sa femme, que le fruit qu'elle portait était une œuvre de l'Esprit-Saint, qu'elle enfanterait un fils qu'il appellerait Jésus, et qui rachetterait son peuple de ses péchés (II. *Sec. Part.*).

Naissance de N.-S. J.-C.

Ce fut donc vers la fin de la 33e année du règne d'Hérode, l'an de Rome 749, de l'empire d'Auguste 27 (*), que Joseph et Marie furent obligés de se rendre de Nazareth, ville de Galilée, à Bethléem, ville de Juda, pour s'y faire inscrire, parce qu'ils étaient de la famille de David, et qu'un décret, rendu par César-Auguste, ordonnait le dénombrement de tous les sujets de l'Empire. Ce dénombrement fut achevé sous la présidence de Cyrinus, ou Quirinus en Syrie. Comme ils ne trouvaient point de place dans les diverses hôtelleries de la ville, encombrées d'une grande quantité de monde venu pour se faire inscrire, ils furent réduits à passer la nuit dans une grange où Marie fit ses couches, et ce fut dans une crèche qu'elle déposa son nouveau-né (III. *Sec. Part.*). Des pasteurs qui veillaient dans les environs à la garde de leurs troupeaux, furent tout-à-coup environnés d'une grande clarté, et un Ange, leur apparaissant pour les rassurer sur la vue de ce prodige, leur annonça l'heureuse nouvelle, qui devait être le plus grand sujet de joie pour tous les peuples, celle de la naissance du Sauveur ou du Christ. Il leur

(*) Il ne faut pas oublier que l'ère chrétienne commence quatre ans trop tard.

désigna à quelles marques ils devaient le reconnaître, et à l'instant un grand concert de voix célestes, louant et glorifiant Dieu, et annonçant la paix sur la terre aux hommes de bonne volonté, se fit entendre. Les bergers, suivant les indications données, se hâtèrent d'aller ensemble à Bethléem et se convainquirent par leurs propres yeux de la vérité de ce qui leur avait été annoncé.

Mais, ce qui porta un coup terrible à l'ambition d'Hérode, ce fut l'arrivée à Jérusalem des Mages, venant de l'Orient pour s'informer du lieu où était le Nouveau-Né, Roi des Juifs, dont ils avaient vu l'étoile chez eux, et qu'ils venaient adorer. Leurs paroles jetèrent l'effroi dans le cœur d'Hérode, et remplirent Jérusalem d'agitation. Le Roi se hâta d'assembler les principaux d'entre les prêtres et les Docteurs de la loi, pour savoir d'eux où devait naître le Christ; il lui fut répondu que c'était à Bethléem de Juda, selon cette parole du Prophète Michée : « Et toi, Bethléem, tu es la plus petite » entre toutes les villes de Juda, c'est cependant » dans ton sein que doit naître celui qui sera le » chef de mon peuple Israël, et dont l'origine date » de l'éternité. » Alors Hérode, ayant recours à sa dissimulation ordinaire, fit appeler les Mages en secret, s'informa scrupuleusement auprès d'eux de l'époque précise où l'étoile leur était apparue, et, les envoyant à Bethléem, leur recommanda de s'enquérir avec soin de l'enfant, et de ne pas manquer de venir l'avertir de tout ce qui en était, pour que lui-même allât lui présenter les hommages de l'adoration. Les Mages partirent donc, et quelle fut leur joie de revoir l'étoile, qui leur était déjà apparue, les précèder et les conduire jusqu'au lieu où se trouvait l'enfant qu'ils cherchaient! (*) Après s'être prosternés devant lui et lui avoir offert leurs présents (IV. *Sec. Part.*), ils s'en retournèrent chez eux par un autre chemin, d'après l'ordre qu'ils en reçurent dans une vision; aussitôt après leur départ, un Ange apparut à Joseph pour l'avertir de fuir en Egypte avec l'enfant et sa mère, Hérode devant en ordonner la recherche pour le perdre.

En effet, la fureur de ce Prince ne connut plus de bornes, lorsqu'après avoir vainement attendu les Mages, il apprit qu'un enfant nouvellement né à Bethléem, avait été présenté au temple, où le Saint vieillard Siméon, le bénissant, l'avait pris dans ses bras et reconnu comme le Sauveur que Dieu devait envoyer pour être la lumière des nations, et la gloire d'Israël; lorsqu'il apprit que la prophétesse Anne, fille de Phanuel de la tribu d'Aser, dont le long veuvage s'écoulait dans le temple au milieu des austérités du jeûne et de la prière, accourant au devant de ceux qui portaient cet enfant, s'était empressée de confesser qu'il était le Christ, et d'en parler à tous ceux qui vivaient

(*) L'apparition de cette étoile est prédite par le Prophète Balaam, au temps de Moïse.

dans l'attente de la rédemption d'Israël. Aussitôt il envoya des soldats à Bethléem, avec ordre de pénétrer dans les maisons et dans les environs, et d'y égorger tous les enfants mâles, nés depuis l'époque que les Mages lui avaient indiquée. C'est ainsi que s'accomplit l'antique prophétie de Jérémie prédisant ce deuil et cette désolation (V. *Sec. Part.*).

Mort d'Hérode.— Ses Successeurs.

Hérode ne tarda pas à recevoir le juste châtiment de sa cruauté et de son impiété : Dieu lui envoya une maladie mortelle aussi horrible que douloureuse, à peu près semblable à celle qui emporta le détestable Antiochus ; son corps se couvrit d'ulcères, d'où sortait une quantité innombrable de vers qui dévoraient sa chair corrompue, et d'où s'exhalait une odeur fétide et insupportable. Les douleurs du malade étaient si vives que plusieurs fois il se serait donné la mort, si l'un de ses neveux, ne l'en eût empêché. Ce fut pendant cette maladie d'Hérode, qui se termina par sa mort, que Judas et Mathias, Juifs de mérite, qui s'étaient concilié le respect et l'amour de leurs compatriotes par leur attachement aux lois de Moïse, persuadèrent au peuple d'abattre l'aigle d'or posée au haut de la grande porte du temple. Ils furent pris par ordre du commandant des troupes d'Hérode, et conduits à Jéricho où était le Prince sacrilége, qui, bien qu'à l'extrémité, les fit brûler vifs. Ce fut aussi alors, c'est-à-dire, cinq jours avant de mourir, qu'il ordonna la mort de son fils Antipater qui, sur le bruit de la mort de son père, avait tenté de gagner ses gardes pour se faire mettre en liberté. Enfin Hérode, pour ne point démentir jusqu'au dernier moment ce caractère de férocité qui faisait le fond de son être, sentant bien que les Juifs ne pouvaient que se réjouir extrêmement de sa mort, et voulant laisser en mourant un juste sujet de larmes à chaque famille considérable de ses états, s'avisa d'en convoquer à Jéricho les principaux membres, et de les faire enfermer dans l'hippodrome, avec ordre à sa sœur Salomé, et à Alexas, son beau-frère, de les faire tous égorger au moment où il rendrait l'esprit. Ce fut son dernier crime : il expira bientôt après, la deuxième année de Jésus-Christ, à l'âge de soixante-dix ans, après en avoir régné trente-quatre depuis la mort d'Antigone. L'ordre sanguinaire qu'il avait laissé en mourant ne fut point exécuté : Salomé et son époux, redoutant pour eux-mêmes les suites d'une pareille exécution, firent mettre en liberté toutes les personnes détenues dans le cirque, en publiant que c'était par l'ordre du Roi, dont ils n'avaient pas encore rendu le trépas public.

L'an 3 avant l'ère vulgaire.

Hérode avait eu neuf ou dix femmes, il laissa quatre fils seulement : Archélaüs, Hérode Antipas, Philippe qui furent ses successeurs, et Hérode-Philippe, qu'il avait d'abord institué son héritier au défaut d'Antipater, mais qu'il exclut ensuite de sa succession pour le réduire à la condition de personne privée. Après la découverte de la conspiration ourdie par son fils aîné Antipater, il avait fait un second testament par lequel il laissait la couronne à Hérode-Antipas, le plus jeune de ses fils. Avant de mourir, il changea encore de dispositions et donna le royaume de Judée à Archélaüs; la Gaulanite, la Trachonite, la Bathanée et la Panéade à Philippe, avec le titre de Tétrarque; la Galilée et la Pérée à Hérode-Antipas, au même titre. Des deux filles qu'Hérode avait eues de la première Mariamne, l'une Salampso, fut mariée à Phazaël, fils de Phazaël, son oncle paternel, dont elle eut trois fils : Antipater, Hérode, et Alexandre; et deux filles : Alexandra et Cypros; la seconde, Cypros, épousa Antipater, fils de Salomé.

A l'avènement d'Archélaüs au trône, le peuple s'empressa de lui demander le supplice de ceux qui avait été cause de la mort de ses Docteurs chéris, Judas et Mathias. Son refus formel excita une sédition qui ne put être arrêtée que par le massacre de trois mille individus. Cette atroce exécution, par laquelle il signala le commencement de son règne, indisposa entièrement les esprits contre lui, et décida de son avenir. S'étant rendu à Rome, pour se faire confirmer par l'Empereur Auguste, Antipas l'y suivit de près, afin de tâcher de faire valoir le testament de son père, qui était en sa faveur; mais il ne put réussir, et Auguste n'ayant égard qu'aux dernières dispositions d'Hérode, laissa à Archélaüs, sous le titre d'Ethnarchie, la Judée proprement dite, l'Idumée et la Samarie, ce qui était la moitié de ce que possédait son père. Hérode-Antipas se vit donc obligé de se contenter de ce qui lui avait été laissé par le dernier testament de leur père commun, aussi bien que Philippe, au lot duquel cependant Auguste joignit l'Iturée, occupée auparavant par Zénodore, fameux par ses brigandages, et qui avait enfin succombé sous les armes romaines. Ce brigand ayant été défait, traqué et renfermé dans une vaste grotte, où il recélait le produit de ses exactions, et se retirait lui-même avec une partie de ses adhérents, quand il était poursuivi, y fut étouffé par la fumée de l'incendie, allumé à l'entrée de la caverne.

Archélaüs ne fut pas plus tôt de retour en Judée, qu'il ôta la Grande-Sacrificature à Joazar pour la donner à Eléazar, frère du destitué. Joazar avait remplacé Mathias, déposé vers la fin du règne d'Hérode, comme soupçonné d'avoir pris part à la sédition qui avait eu lieu à Jérusalem. Joazar encourut la disgrace d'Archélaüs, comme prévenu d'avoir favorisé le soulèvement de ses sujets contre son autorité, révolte qui avait coûté tant de sang. Ce Prince bientôt après répudia sa femme Mariamne, pour épouser Glaphyre, veuve de son frère Alexandre, et fille d'Archélaüs roi de Cappadoce.

C'est la quatrième année de son règne, que commence l'Ère chrétienne vulgaire, quatre ans plus tard que la véritable naissance de notre Sauveur. Huit ans après, Auguste, sur les plaintes réitérées que les Juifs lui portaient contre Archélaüs, aussi cruel que son père, le manda à Rome. Le Prince accusé n'ayant pu se justifier, fut relégué à Vienne dans les Gaules; ses biens, confisqués, et son gouvernement, réduit en province romaine. Il l'avait occupé dix à onze ans. Dès-lors la Judée commença à payer un tribut régulier aux Romains devenus ses souverains. Auguste envoya en Syrie, en qualité de Président, Publius-Sulpitius-Quirinus (le même dont parle Saint Luc, sous le nom de Cyrinus, suivant la prononciation grecque), pour exécuter son décret touchant la Judée, qui ne fut plus gouvernée que par un Procurateur sous les ordres immédiats du Président de la province de Syrie, à laquelle elle fut annexée. Ainsi commença à se vérifier la célèbre prophétie de Jacob mourant, annonçant que le sceptre ne sortirait point de Juda avant que le Messie ne fût venu : elle reçut son entier accomplissement soixante-deux ans après, lorsque le temple et la ville de Jérusalem furent pris et détruits par Tite, et les Juifs entièrement dispersés sans espoir de retour. Jusqu'à ce dernier évènement, la tribu de Juda, seule entre toutes les autres tribus, avait conservé son existence politique en corps de nation réunie, se gouvernant selon ses lois, ayant des Magistrats pris dans son sein, des Ministres de son culte, un souverain Sacrificateur qui en était le chef. Après la ruine du temple et de Jérusalem, rien de tout cela : Juda a éprouvé le sort des autres tribus, elle est dissoute et entièrement dispersée sur toute la face de la terre, soumise aux différentes nations parmi lesquelles se trouvent ses membres épars. Donc le Messie est venu. Eh! remarquez que les Juifs, dans leur aveuglement, semblent conspirer eux-mêmes à anéantir jusqu'à ce nom, dont ils se glorifiaient tant autrefois, puisqu'ils lui ont substitué celui d'*Israélite*, qui en réalité n'appartenait, depuis leur division en deux royaumes, qu'aux dix autres tribus formant le royaume d'Israël.

L'an 8 de l'ère vulgaire.

Ce fut cette même année de la déposition d'Archélaüs et du grand changement arrivé, par suite de cette déposition, dans le gouvernement de la Judée, que Jésus, âgé de douze ans, vint à Jérusalem, avec Joseph et Marie, à la fête de Pâques, et qu'il parût pour la première fois dans le temple, afin d'y remplir l'office, pour lequel il était envoyé, révélant aux Docteurs rassemblés autour de lui et dans l'admiration de ce qu'ils entendaient, les grandes vérités qu'il venait annoncer aux hommes, celles du salut et de la nouvelle alliance.

Les nouveaux changements survenus dans le gouvernement de la Judée et surtout les taxes qu'on commença à prélever avec rigueur, donnèrent lieu à des troubles qui s'accrurent de plus en plus et qui produisirent toutes les révoltes des Juifs contre les Romains. Elles se terminèrent enfin par la ruine de Jérusalem et de la nation Juive. Joazár, rétabli en qualité de souverain Pontife, s'attira la haine du peuple en cherchant à le disposer à la soumission envers les Romains. Obligé de se démettre de sa haute dignité, il la résigna à Ananus, qui la posséda longtemps, ce qui n'était arrivé à aucun de ses prédécesseurs immédiats. C'est le même que celui appelé Anne, par les Évangélistes, et qui devint le beau-père de Caïphe entre les mains duquel il résigna le Pontificat, s'en réservant le titre honorifique. Le désordre avait commencé à naître en Judée, sous le gouvernement d'Archélaüs, par l'effet de son excessive tyrannie; il n'en fut pas ainsi dans les états de son frère Philippe qui, bien loin de suivre un si mauvais exemple, gouverna ses sujets avec la plus grande douceur, ce qui entretenait parmi eux la paix et la concorde. Ce Trétarque étant mort sans enfants, Tibère annexa ses états à la Syrie.

L'an 12 de l'ère vulgaire.

Ce fut seize ans, après la véritable naissance de Jésus-Christ, que Tibère fut associé à l'Empire par Auguste, et c'est de là qu'il faut commencer à compter la quinzième année du règne de cet Empereur, dont parle Saint Luc. Ce fut donc quatorze ans après cette association, et douze ans après la mort d'Auguste, que Jean-Baptiste commença à

Jean-Baptiste.

exercer le saint ministère de Précurseur du Messie, en prêchant le baptême de pénitence pour la rémission des péchés. La naissance de cet homme célèbre avait été accompagnée de circonstances merveilleuses, infiniment propres à préparer les Juifs et à les rendre attentifs sur l'objet de sa mission. Il était fils d'un saint prêtre, nommé Zacharie, de la race d'Aaron, et d'Élisabeth, cousine de Marie. Sa naissance avait été prédite à son père, par un ange, un jour qu'étant de service au temple, il offrait l'encens sur l'autel d'or, dans le lieu saint. Cet ange lui apparut au côté droit de l'autel des parfums. Zacharie fut effrayé de cette apparition, mais l'ange le rassurant, lui annonça « que sa femme » Élisabeth allait concevoir et qu'elle lui donnerait » un fils, qu'il appellerait *Jean*, et qui serait pour » lui un sujet de joie et d'allégresse ; que plusieurs » se réjouiraient de sa naissance ; qu'il serait grand » devant le Seigneur ; qu'il serait rempli de l'Esprit-» Saint dès le ventre de sa mère ; qu'il convertirait » plusieurs enfants d'Israël au Seigneur ; qu'il mar-» cherait devant lui, selon l'esprit et la vertu d'Élie, » pour lui préparer les cœurs, et les disposer à sa » venue. » Zacharie ayant témoigné quelques doutes à cause de son grand âge et de celui de sa femme, l'ange lui répondit : « qu'en preuve, de la vérité » de ce qu'il lui annonçait, il allait devenir muet et » resterait tel jusqu'au temps de l'accomplissement » de la prédiction. » Le peuple, étonné déjà de ce qu'il restait si longtemps dans le sanctuaire, fut bien plus surpris encore, quand il le vit arriver sans pouvoir proférer une seule parole : il ne douta plus qu'il n'eût eu une vision dans le temple, ce qu'il leur confirma par signe. Sa femme ne tarda pas à concevoir, et ce fut cinq mois après que le même ange fut envoyé à Marie. Le huitième jour qui suivit les couches d'Élisabeth, quand il fut question de circoncire l'enfant, les assistants et tous ses proches voulaient lui donner le nom de son père, mais la mère s'y opposa et soutint qu'il fallait l'appeler *Jean*, quoiqu'il n'y eût personne dans sa famille qui portât ce nom. Le père, consulté sur cette altercation, écrivit que *Jean* devait être son nom, et pendant que tout le monde était dans l'admiration, sa langue se délia pour bénir le Seigneur. Ce fut alors que, rempli du Saint-Esprit, il proféra ce cantique admirable et prophétique, qui annonçait le ministère de son fils comme devant précéder un ministère bien supérieur, par lequel Israël serait racheté et sauvé; ceux qui étaient dans les ténèbres éclairés de la vraie lumière; ceux qui étaient morts à la justice rappelés aux bonnes œuvres, et le genre humain réconcilié avec Dieu. On commença dès-lors à se demander ce que pourrait être cet enfant à l'occasion duquel s'opéraient tant de merveilles. Lorsqu'il fut parvenu à l'âge de raison, il se retira dans le désert dont il fit constamment sa demeure, jusqu'au moment où il se manifesta devant tout Israël. La prédication de Jean, faite sur les bords du Jourdain, où il baptisait, avait d'autant plus de retentissement dans la Judée, que ce Saint-Précurseur avait mené jusqu'alors dans la solitude la vie la plus austère et dans sa nourriture et dans ses vêtements; elle paraissait en même temps bien extraordinaire puisque cet homme ne prêchait que la pénitence et le détachement des biens de ce monde. Chacun se demandait s'il n'était pas le Christ, ce qui prouve qu'on croyait généralement que l'époque de la venue du Messie était arrivée, et, quand on lui adressait cette question, il répondait : « qu'il était « celui dont parle le prophète Isaïe, qui devait « venir préparer les voies du Seigneur. Il en est « un qui est au milieu de vous et que vous ne « connaissez pas, qui doit venir après moi, ajou- « tait-il, qui est plus que moi, qui existe avant « moi, dont je ne suis pas digne de dénouer la « chaussure. Je vous baptise dans l'eau, mais lui « vous baptisera dans le Saint-Esprit : il en a la « plénitude. »

Jésus, depuis son retour d'Égypte, après la mort d'Hérode et l'avènement d'Archélaüs, était demeuré à Nazareth, avec Joseph et Marie, auxquels il était soumis, croissant en âge, en sagesse et en grâce devant Dieu et devant les hommes, selon le récit de l'Évangéliste. Nous l'avons vu paraître, comme à la dérobée, pour ainsi dire, dans le temple à l'âge de douze ans, s'introduire au milieu des Docteurs rassemblés, se mêler à leurs entretiens, et les étonner par la sagesse de ses réponses et les hautes questions qu'il leur adressait à son tour. Il commençait sa trentième année lorsqu'il vint sur les bords du Jourdain se présenter à Jean, pour être baptisé par lui, et ce fut alors que Jean le voyant venir à lui, s'écria, en le montrant au peuple : « Voici l'agneau de « Dieu, voici celui qui ôte les péchés du monde. « C'est celui dont je vous ai déjà parlé, que je ne « connaissais pas, et c'est pour lui rendre témoi-« gnage, pour le faire connaître en Israël, que je « suis venu baptiser dans l'eau. » Jean refusa dabord de baptiser Jésus; mais Jésus ayant insisté, il fit alors ce qui lui était prescrit, *pour que toute justice fut remplie,* et aussitôt que Jésus fut sorti de l'eau, le ciel s'ouvrit, le Saint-Esprit descendit sur lui en forme de colombe, et l'on entendit une voix d'en haut, qui s'écria : *celui-ci est mon fils bien-aimé, l'objet de mes complaisances.* Jésus se retira ensuite dans le désert où Dieu permit qu'après avoir jeûné pendant quarante jours et quarante nuits, pour se préparer à sa mission, il fût tenté par l'esprit du mal, comme Adam, notre premier père, l'avait été autrefois dans le Paradis terrestre. Mais le second Adam, plus fort que le premier, détruisit l'effet de la première tentation, en résistant à celle-ci, et le démon fut vaincu, à son

L'an 26 de l'ère vulgaire.

tour, par celui qui s'était revêtu exprès de notre nature afin de la réparer.

Hérode-Antipas, Tétrarque de la Galilée, avait le caractère d'Archélaüs : il fit bâtir dans ses états la ville de Tibériade en l'honneur de Tibère. Après avoir épousé la fille d'Arétas, roi des Arabes, il devint amoureux d'Hérodiade, fille d'Aristobule et de Bérénice et petite fille d'Hérode et de Mariamne et mariée à son frère Philippe, dont elle avait eu une fille, nommée Salomé : il la ravit et répudia sa femme légitime. Jean, lui ayant reproché son crime, fut mis par son ordre dans les fers et il périt bientôt après, victime de la haine d'Hérodiade, qui demanda à Hérode et en obtint la tête de ce Saint, pour prix du plaisir que sa fille lui avait procuré en dansant devant lui, un jour qu'il donnait un festin à ceux de sa Cour. Arétas, pour venger l'affront qu'Hérode lui avait fait en répudiant sa fille, lui déclara la guerre et la fit avec succès. Les Juifs regardèrent ces évènements comme un juste châtiment de la mort de Jean-Baptiste, ce qui prouve en quelle estime le Saint-Précurseur était parmi eux, comme nous l'apprend au reste l'historien Josèphe.

Nous avons anticipé sur les évènements en racontant les circonstances de cette mort. Revenons sur nos pas et suivons le cours des principaux faits évangéliques, sans nous attacher précisément à l'ordre suivant lequel ils ont pu se passer.

Disciples de Jésus.

Les plus faibles moyens devaient être employés par le Christ dans l'œuvre de la régénération morale des hommes, afin que le succès ne pût en être attribué à rien d'humain, car, comme dit le Seigneur, par la bouche d'un de ses prophètes : *Mes pensées ne sont pas vos pensées, mes voies ne sont pas vos voies.*

Jésus prit ses premiers disciples parmi des pêcheurs du lac de Génézareth (*), et la pêche miraculeusement abondante, qu'il leur obtint un jour, était une image du grand nombre de prosélytes que feraient leurs premières prédications. S'adressant en cette occasion à Simon, frère d'André qui le lui avait présenté, comme nous le verrons plus bas : *Désormais,* lui dit-il, *de pêcheurs de poissons, vous deviendrez pêcheurs d'hommes.* Aussi, Simon et ses associés Jacques et Jean, l'un et l'autre fils de Zébédée, laissèrent-ils leur barque et leurs filets pour suivre le Sauveur.

Noces de Cana.

Le premier miracle que fit Jésus, en commençant sa mission, fut le changement de l'eau en vin à Cana, en Galilée, à un festin de noces, où il avait été invité avec sa mère et ceux qui s'étaient déjà déclarés ses disciples, et qu'il confirma par

(*) Les fréquentes pérégrinations du Sauveur en ce lieu font dire longtemps par avance au prophète Isaïe « qu'une grande » lumière a été vue sur le chemin, le long de la mer de Galilée, » et que ceux qui habitaient auparavant dans l'ombre de la mort » en avaient été vivement éclairés. »

là dans la croyance qu'ils avaient déjà en la divinité de sa mission. Il préluda par ce premier miracle, obtenu sur la demande de sa mère, à celui bien plus ineffable par lequel il devait transformer en son Corps et en son Sang le pain et le vin offerts sur nos autels. Ce miracle fut suivi d'une infinité d'autres qui portent tous le caractère de la bonté, de la sagesse, de la vraie puissance et de la grandeur de leur auteur. Plusieurs ont un but moral en rapport direct avec la Religion, ce qui les rend plus admirables encore. Dès-lors Jésus fut suivi par une grande multitude, et c'est au milieu d'un si grand concours de peuple, qu'il fit un admirable sermon, fondement de la morale évangélique, et surpassant infiniment tout ce qui a jamais été dit par les plus grands philosophes. La plupart d'entr'eux avaient longtemps disputé sur l'essence du souverain bien. Les uns le faisaient consister dans les plaisirs des sens; les autres, dans une parfaite indolence et dans un entier oubli de soi-même; quelques-uns, dans l'étude, la recherche et enfin la parfaite connaissance des mouvements célestes et de l'ordre de l'univers : aucun n'avait imaginé que Dieu pût être la source du bonheur.

Précis de la morale évangélique. — Les huit béatitudes.

« Heureux les pauvres de cœur et d'âme, s'écria Jésus, parce que le royaume du Ciel est à » eux! Heureux ceux qui sont doux, parce qu'ils » auront la terre pour héritage! Heureux ceux qui

» pleurent, parce qu'ils seront consolés ! Heureux
» ceux qui ont faim et soif de la justice, parce qu'ils
» seront rassasiés ! Heureux ceux qui sont miséri-
» cordieux, parce qu'ils obtiendront miséricorde !
» Heureux ceux qui ont le cœur pur, parce qu'ils
» verront Dieu ! Heureux les pacifiques, parce qu'ils
» mériteront d'être appelés les enfants de Dieu !
» Heureux ceux qui sont persécutés pour la jus-
» tice, parce que le royaume du Ciel est à eux !
» Vous serez heureux quand on vous maudira,
» qu'on vous persécutera, qu'on vous calomniera
» par rapport à moi ; réjouissez-vous alors et soyez
» dans l'allégresse, car la récompense qui vous
» attend dans le Ciel est considérable..... Ne pen-
» sez point que je sois venu détruire la loi ou les
» prophéties, je suis venu au contraire les accom-
» plir, car je vous déclare que jusqu'à ce que le
» Ciel et la terre passent il n'y aura pas un seul
» point de la loi qui ne soit accompli..... Si votre
» justice n'est pas plus parfaite que celle des Doc-
» teurs et des Pharisiens, vous n'aurez point de part
» au royaume du Ciel. Vous savez qu'il a été dit
» aux anciens : vous ne tuerez point ; celui qui se
» rendra coupable de meurtre sera condamné à
» subir le jugement ; et moi, je vous dis que qui-
» conque s'emportera contre son frère est digne
» du même châtiment, que celui qui l'injurie
» mérite d'être puni sévèrement. Si donc, vous
» vous disposez à offrir un sacrifice et que vous

» vous ressouveniez que votre frère a quelque
» chose sur le cœur contre vous, laissez-là votre
» sacrifice et allez auparavant vous réconcilier avec
» votre frère, puis vous viendrez offrir votre sa-
» crifice..... Vous avez appris qu'il a été dit aux
» anciens : vous ne commettrez point d'adultère,
» et moi, je vous dis que quiconque aura vu une
» femme sans étouffer les mauvais désirs que sa
» vue lui aura inspiré a déjà commis l'adultère,
» dans son cœur. Si votre œil droit est pour vous
» une occasion de scandale, arrachez-le et jetez-
» le loin de vous. Il vaut mieux perdre un de vos
» organes, un de vos membres, qu'aller tout entier
» dans le feu éternel..... Il a été dit qu'on pouvait
» répudier sa femme en lui envoyant le libellé de
» divorce, et moi, je dis que quiconque renvoie
» sa femme, à moins que ce ne soit pour cause
» d'adultère, lui fait commettre un adultère, et
» que celui qui en épouse une renvoyée, commet
» un adultère..... Vous savez encore qu'il a été dit
» aux anciens : vous ne vous parjurerez point, et
» moi, je vous dis de ne point jurer du tout, ni
» par le Ciel, parce que c'est le trône de Dieu,
» ni par la terre, parce que c'est son marche-pied,
» ni par Jérusalem, parce que c'est la ville du
» grand roi, ni par votre tête, parce que vous
» ne pouvez rendre un seul de vos cheveux ni
» noir, ni blanc. Dites seulement : cela est ou
» cela n'est pas. Tout ce que vous direz de plus

» sera mal..... Vous savez qu'il a été dit : œil pour
» œil, dent pour dent, et moi, je vous dis de ne
» point rendre le mal pour le mal. Si quelqu'un vous
» frappe la joue droite, présentez-lui la gauche,
« et si quelqu'un veut vous contraindre en justice
» de lui donner votre robe, cédez-lui encore vo-
» tre manteau, et si quelqu'un veut vous engager
» à faire, avec lui, mille pas, offrez-lui d'en faire
» encore le double. Ne refusez pas de donner à
» celui qui vous demande..... Vous savez qu'il a
» été dit : vous aimerez votre ami et vous haïrez
» votre ennemi, et moi, je vous dis d'aimer vos en-
» nemis; de faire du bien à ceux qui vous haïssent,
» de prier pour ceux qui vous persécutent et vous
» calomnient, comme étant les enfants du même
» Père céleste, qui fait luire son Soleil sur les bons
» et les méchants et pleuvoir sur les justes et les
» injustes. Si vous n'aimez que ceux qui vous ai-
» ment, quelle récompense méritez-vous? les pé-
» cheurs ne font-ils pas de même? et si vous vous
» bornez, à l'égard de vos frères, à des démons-
» trations extérieures, que faites-vous là de si ex-
» traordinaire? Les Payens n'en font-il pas autant?
» Pour vous, soyez parfaits comme votre Père cé-
» leste est parfait..... Ne faites point étalage de
» vos bonnes œuvres, devant les hommes, pour
» en être remarqués; car, vous n'en recevrez pas
» la récompense de votre Père qui est dans le Ciel.
» Quand vous faites l'aumône, ne la faites pas pu-

» blier devant vous, comme font les hypocrites, » dans les synagogues, dans les rues, pour ac- » quérir l'estime des hommes. Je vous promets » qu'ils ont reçu leur récompense. Quand donc » vous faites l'aumône, que votre main gauche ne » sache pas ce que fait votre main droite, afin » que votre aumône étant faite dans le secret, vo- » tre Père qui la voit, quoique cachée, vous en » récompense avec usure. Quand vous priez, ne » faites pas, non plus, comme les hypocrites, qui » aiment à se faire voir dans les synagogues et dans » tous les coins de rues, faisant leurs prières : ils » ont reçu leur récompense, vous dis-je. Pour vous, » entrez dans votre chambre, fermez-en la porte » sur vous, priez votre Père dans le secret, et » votre Père qui vous entend dans le secret, vous » exaucera au-dessus de tous vos désirs. Ne » faites pas de longues prières, à l'exemple des » Payens, qui s'imaginent qu'en priant beaucoup » et longuement, ils seront plus tôt exaucés : » ne les imitez point. Votre Père sait ce dont vous » avez besoin avant que vous le lui demandiez. » Et c'est alors que Jésus donna à ses disciples et à ses auditeurs, cette belle formule de prière qui, malgré sa brièveté, renferme tout ce qu'on peut demander à Dieu : elle fut longtemps, chez les premiers fidèles, la seule oraison qu'ils récitassent. C'est à l'occasion d'une des demandes de cette admirable prière, la cinquième, que Jésus ajouta :

« Si vous pardonnez à ceux qui vous ont offensés,
» votre Père céleste vous pardonnera également ;
» si au contraire vous ne pardonnez pas, vous ne
» serez point pardonnés. Quand vous jeûnez, ne
» faites point comme les hypocrites, qui affectent
» un air triste et défigurent leur visage pour faire
» voir aux autres qu'ils jeûnent : je vous promets
» qu'ils ont reçu leur récompense. Pour vous,
» quand vous jeûnez, parfumez-vous la tête et la-
» vez votre visage pour que les autres ne s'aperçoi-
» vent point que vous jeûnez ; mais seulement vo-
» tre Père qui est dans le secret, et qui, le voyant
» dans le secret, vous en récompense. Gardez-
» vous de ramasser et d'entasser des trésors dans
» la terre, où la rouille et les vers les consument
» et où les voleurs les déterrent et les enlèvent.
» Ramassez des trésors dans le Ciel où ni la rouille
» ni les vers ne les consument et où il n'y a point
» de voleurs qui les déterrent et les enlèvent ; car,
» où est votre trésor, là aussi se trouve votre cœur.
» Personne ne peut servir deux maîtres : ou il haïra
» l'un et aimera l'autre, ou il estimera l'un et mé-
» prisera l'autre : vous ne pouvez servir Dieu et
» l'argent. C'est pourquoi je vous dis de ne point
» vous inquiéter l'esprit de ce que vous mangerez
» pour soutenir votre vie, de ce dont vous cou-
» vrirez votre corps. La vie n'est-elle pas plus que
» la nourriture, le corps au-dessus des vêtements ?
» Considérez les oiseaux et remarquez qu'ils ne

» sèment point, qu'ils ne moissonnent point, qu'ils
» ne ramassent rien dans les greniers : c'est votre
» Père céleste qui les nourrit. N'êtes-vous pas au-
» dessus d'eux? Quel est celui d'entre vous qui
» puisse, avec tous ses soins, ajouter à sa taille
» le moins du monde. Pourquoi donc vous mettre
» en peine du vêtement? Considérez les lis qui
» croissent dans les champs ; ils ne travaillent point
» ils ne filent point, et cependant je vous déclare
» que jamais Salomon, même daus toute sa gloire,
» n'a jamais été vêtu comme l'un d'eux. Si donc,
» Dieu a soin de vêtir, de cette sorte, une herbe des
» champs qui est aujourd'hui, et qui sera demain
» jetée dans le four, de quel soin n'usera-il point
» à votre égard préférablement? O hommes de peu
» de foi! ne vous mettez donc point en peine et
» ne dites point : où trouverons-nous de quoi man-
» ger, de quoi boire, de quoi nous couvrir, comme
» font les Payens, qui courent après toutes ces
» choses, car votre Père sait que vous en avez
» besoin. Cherchez plutôt le royaume de Dieu et la
» justice qui y conduit, et tout le reste vous sera
» donné comme par surcroît. Ne jugez point, si
» vous ne voulez pas être jugé, car vous serez
» jugé comme vous aurez jugé les autres, et on
» se servira à votre égard de la même mesure dont
» vous vous serez servi à l'égard des autres. Pour-
» quoi voyez-vous une paille dans l'œil de votre
» frère et n'apercevez-vous point une poutre dans

» le vôtre, et comment pouvez-vous dire à votre
» frère : laissez-moi ôter cette paille de votre œil,
» quand vous avez une poutre dans le vôtre ? Hy-
» pocrite, ôtez plutôt la poutre de votre œil, et en-
» suite vous vous occuperez des moyens de retirer
» la paille de l'œil de votre frère..... Donnez et
» l'on vous donnera, cherchez et vous trouverez,
» frappez et il vous sera ouvert. Quel est l'homme
» qui, lorsque son fils lui demande du pain, va
» lui présenter une pierre, ou quel est celui qui
» lorsque son fils lui demande un poisson, va lui
» présenter un serpent? Si donc vous, qui êtes mé-
» chants, savez donner de bonnes choses à vos en-
» fants, quand ils vous le demandent, à plus forte
» raison votre Père, qui est dans le Ciel, donnera-
» t-il ce qu'il y a de meilleur à ceux qui le lui
» demanderont. Faites aux autres tout ce que vous
» voudrez qu'ils vous fassent. C'est en ce point
» que consiste la loi et les prophètes : entrez par
» la porte qui est étroite; celle qui est large con-
» duit à la perdition, et il y en a un grand nom-
» bre qui y passent. Peu s'avisent de passer par
» la première qui conduit à la vie éternelle... Tous
» ceux qui disent *Seigneur, Seigneur,* n'entreront
» point dans le royaume du Ciel; mais celui-là
» seul qui fait la volonté de mon Père qui est dans
» le Ciel. Plusieurs diront en ce jour-là : *Seigneur,*
» *Seigneur, n'avons-nous pas prophétisé en votre*
» *nom, n'avons-nous pas conjuré les démons et*

» *fait des miracles en votre nom? Et moi, je leur* » *dirai : je ne vous ai jamais connu, retirez-vous* « *de moi, méchants, qui n'avez fait constamment* » *que le mal.....* Dieu est esprit et veut être adoré » en esprit et en vérité..... Gardez-vous des faux » prophètes, qui viennent à vous, sous l'apparence » trompeuse de brebis : intérieurement ce sont des » loups ravisseurs. Vous les reconnaîtrez à leurs » fruits. Voit-on des épines produire des raisins, et » des ronces produire des figues? Quiconque écoute » ce que je viens de vous dire, — termine Jésus, — » et le met en pratique, imite l'homme prudent qui a » bâti sur la pierre. La pluie est venue, les riviè- » res se sont débordées, les vents ont soufflé, tous » les fléaux se sont déchaînés contre cette maison : » elle a résisté, parce qu'elle était fondée sur la » pierre. Mais quiconque écoute ce que je viens » de dire et ne le met point en pratique, imite l'in- » sensé qui a bâti sur le sable. La pluie est venue, « les fleuves se sont débordés, les vents ont soufflé » sur cette maison et elle a croulé et sa ruine a » été entière. »

Les auditeurs étaient dans l'admiration d'une pareille doctrine, inconnue jusqu'alors; d'autant qu'il l'annonçait avec autorité, ajoute l'Évangéliste, et non à la manière des Docteurs et des Pharisiens.

Apostolat.

Entre tous ses disciples Jésus en avait dès-lors choisi douze, pour les charger plus spécialement de

l'*Apostolat*, c'est-à-dire, de l'auguste fonction de l'aider dans son ministère, et de continuer son œuvre, quand, avant de se séparer d'eux, au jour de son Ascension au Ciel, il les envoya prêcher et publier en son nom, sa doctrine par toute la terre; car le mot *Apôtre*, dénomination qu'il leur donna, signifie *envoyé*. *Allez*, leur dit-il, en les animant de son esprit, ce qu'il fit en soufflant sur eux, en ce moment solennel : « Allez, ins-
» truisez les nations, enseignez-leur tout ce que
» je vous ai appris; comme mon Père m'a envoyé,
» je vous envoie; qui vous écoute, m'écoute; qui
» vous méprise, me méprise; celui qui n'écoute
» pas l'Église à la tête de laquelle je vous ai placés,
» doit-être regardé comme un Payen et un Publi-
» cain. Les péchés seront remis à ceux à qui vous
» les remettrez, et il seront retenus à ceux à qui
» vous les retiendrez; tout ce que vous lierez sur
» la terre sera lié dans le Ciel; et tout ce que vous
» délierez sur la terre sera délié dans le Ciel; celui
» qui croira et sera baptisé sera sauvé; celui qui
» ne croira point sera condamné. » Et la raison qu'en donne le Sauveur, c'est que la lumière est venue dans le monde, et que les hommes incrédules ont préféré les ténèbres à la lumière parce que leurs œuvres étaient mauvaises, et que quiconque fait le mal, hait la lumière et cherche l'ombre qui cache ses mauvaises actions et les dérobe à la censure; au lieu que celui qui agit selon

la justice et la vérité, recherche la lumière et ne demande pas mieux que ses œuvres soient exposées au grand jour, parce qu'elles ont Dieu pour motif et pour fin.

Saint Pierre, chef de l'Apostolat, communique cette prérogative au jugement de toute l'antiquité ecclésiastique, à ses successeurs sur le siége de Rome, dont il fut le premier Évêque.

Entre tous les disciples de Jean-Baptiste, Saint André fut l'un des premiers qui, d'après les instructions du Saint-Précurseur, reconnaissant Jésus pour le Messie, le suivit. Il lui emmena son frère Simon, à la vue duquel le Sauveur prononça ces paroles remarquables : « Vous êtes Simon, fils de Jean ; » désormais vous vous appellerez PIERRE (*Céphas*), » et sur cette pierre j'établirai mon Église, contre » laquelle les portes de l'Enfer ne prévaudront » jamais. Je vous donnerai les clés du Royaume » des Cieux, et tout ce que vous lierez sur la terre » sera lié dans le Ciel, et tout ce que vous délie- » rez sur la terre sera délié dans le Ciel. » C'est en vertu de ces paroles et de celles-ci, prononcées plus tard par le Sauveur : « Paissez mes agneaux, » paissez mes brebis, » c'est-à-dire, les Fidèles et les Pasteurs, suivant l'interprétation générale des Pères, et encore de celles-ci : « quand vous serez » affermis dans la Foi, confirmez vos frères » dans cette même Foi, » c'est en vertu de ces paroles, dis-je, que Simon, surnommé *Pierre*, devint le chef du Collége Apostolique. Aussi est-il toujours nommé le premier dans tous les passages où les Évangélistes font l'énumération des Apôtres, et Saint Matthieu dit expressément qu'il est *le premier*. L'antiquité ecclésiastique, l'a toujours entendu ainsi, et a, en conséquence, toujours accordé aux successeurs de Pierre, sur le siége de Rome, la primauté d'honneur et de juridiction; ce siége ayant toujours été reconnu pour le centre de l'unité Catholique.

Dans la vocation de Saint Matthieu Apôtre et le premier Évangéliste en date, il est des circonstances que nous croyons devoir rapporter. Il était *Publicain*, profession en horreur aux Juifs (*). Appelé par le Sauveur, il n'hésita pas à tout quitter pour le suivre. Il le reçut un jour chez lui avec ses Disciples, et célébra cette visite par un grand festin auquel se trouvaient d'autres Publicains et

(*) On appelait *Publicains*, chez les Romains, ceux qui étaient chargés de la rentrée des deniers publics. Ils l'exigeaient avec tant de rigueur, qu'ils étaient détestés, voués au plus souverain mépris et confondus avec les gens mal famés, surtout chez les Juifs, qui souffraient si impatiemment de payer le tribut aux Romains. Ce qui avait contribué à la mauvaise réputation qu'ils s'étaient faite, c'était l'usure excessive à laquelle ils se livraient. Cicéron et d'autres auteurs Grecs et Latins n'en parlent pas plus avantageusement que l'Évangile. Les gens de finance ont d'ailleurs toujours passé pour des personnages peu compatissants et peu généreux. L'insensibilité et la dureté de cœur leur ont de tout temps été reprochées. Les *Publicains* étaient les commis de ceux qui affermaient à l'État les revenus provenant des différents impôts établis, ayant en cela les plus grands rapports avec nos anciens Fermiers-Généraux. Saint Matthieu, quoique Juif, était l'un de ces commis du fisc. Appelé par le Sauveur, qui le vit assis dans son bureau, occupé à compulser ses registres, il n'hésita pas à laisser son bureau et ses registres pour le suivre, tant avait de puissance sur le cœur la parole du Sauveur!

des pécheurs, mêlés aux Disciples de Jésus, ce qu'ayant vu avec indignation les Pharisiens, ils en firent des reproches amers aux Disciples du Sauveur, en leur demandant, avec aigreur, pourquoi leur Maître mangeait avec les Publicains et les pécheurs? Jésus se chargeant de la réponse : « Ce » ne sont pas ceux qui se portent bien, — leur dit- » il, — mais les malades qui ont besoin de méde- » cins. Apprenez, — ajouta-t-il, — ce que veu- » lent dire ces paroles : je préfère la miséricorde » au sacrifice, car je ne suis pas venu rappeler à » moi les justes, mais les pécheurs. »

Entretien de Jésus avec la Samaritaine.

L'entretien que Jésus eut avec la Samaritaine au puits de Jacob, situé au pied de la montagne de Garizim, le détermina à se faire connaître ouvertement à cette femme pour le Messie. Il y avait entre les Juifs et les Samaritains une haine invétérée. Ceux-ci prétendaient adorer Dieu sur le mont Garizim; ceux-là soutenaient avec raison, car la Loi mosaïque était formelle à cet égard, que c'était à Jérusalem seulement qu'il était permis de sacrifier au Souverain Être. Jésus dit à ce sujet à la Samaritaine, qui lui parlait de cette contestation de si longue date et qui avait occasionné un schisme entre les Samaritains et les Juifs, que le temps était venu où les pratiques religieuses ne seraient plus attachées à un lieu spécial, ni à Jérusalem, ni sur le mont Garizim; mais que partout Dieu aurait de vrais adorateurs, qui l'adoreraient en esprit et en vérité, car Dieu étant esprit, demandait à être adoré en esprit et en vérité. Cette femme, qui soupçonnait que Jésus, qu'elle voyait pour la première fois, n'était pas un homme ordinaire, puisqu'il lui avait fait connaître qu'il n'ignorait rien de sa conduite peu réglée, témoigna savoir que le Messie, autrement dit le Christ, était sur le point de venir, et que, lorsqu'il serait venu, il les éclairerait sur les points controversés entre les Samaritains et les Juifs, et leur enseignerait toutes choses. *C'est moi,* dit alors Jésus à cette femme, *qui suis le Messie :* ce qu'ayant entendu, elle alla le publier à Samarie. Cette nouvelle, répandue par elle, dans la ville, en disposa les habitants à recevoir, avec empressement, Jésus qui, sollicité de rester parmi eux, y demeura deux jours. Ce séjour, quoique court, était une grace qui en procura bien d'autres aux habitants. Les entretiens qu'ils eurent avec le Sauveur, bien plus encore que les témoignages de leur concitoyenne, ce dont ils firent l'aveu à cette femme, au rapport de l'Évangéliste Saint Jean, en détermina un grand nombre à reconnaître Jésus pour *le Sauveur du monde.*

Preuves de la validité de la mission de Jésus données par lui-même.

Jean ayant appris dans la prison où il était détenu les œuvres de Jésus, lui envoya deux de ses disciples pour la propre instruction de ceux d'entr'eux qui s'obstinaient à le préférer au Sauveur, lui faisant demander par eux, *s'il était celui qui devait venir, ou si l'on devait en attendre un au-*

tre. « Retournez vers celui qui vous envoie, leur » répondit Jésus, et annonçez-lui ce que vous avez » vu et entendu : les aveugles voient, les boiteux » marchent, les lépreux sont guéris, les sourds » entendent (VI *Sec. Part.*), les morts réssusci- » tent, la nouvelle du salut est prêchée aux pau- » vres ; et heureux celui pour lequel je ne suis pas » un sujet de scandale. » Ceux-ci s'étant retirés, Jésus en prit occasion de parler de Jean à ceux qui le suivaient. « Qu'avez-vous été voir dans le » désert? un Prophète, plus qu'un Prophète, vous » dis-je, car il est celui dont il a été dit : *Je vais* » *vous envoyer mon ange devant vous, qui vous* » *préparera la voie.* Je vous certifie donc que parmi » les enfants des hommes il n'y en a jamais paru » de plus grand que Jean-Baptiste. Celui néan- » moins qui est le plus petit dans le royaume du » Ciel, est plus grand que lui; depuis que Jean a » paru jusqu'à présent, le royaume du Ciel est à » ceux qui se font violence pour l'obtenir. La loi » et les Prophètes ont annoncé jusqu'à Jean des » choses futures; Jean a annoncé celles qui étaient » présentes. Vous pouvez dire qu'il est le même » qu'Elie qui devait venir.

« Tout m'a été mis entre les mains par mon » Père, leur dit-il plus bas. Personne ne connaît » le Fils si ce n'est le Père, et qui peut connaître le » Père si ce n'est le Fils, et celui à qui le Fils veut » le révéler? Venez à moi vous tous qui êtes char-

» gés, et je vous soulagerai; prenez mon joug sur » vous, et apprenez de moi que je suis doux et » humble de cœur, et vous trouverez le repos au » fond de vos âmes; car mon joug est plein de dou- » ceur et mon fardeau léger.... Je suis le bon Pas- » teur, or le bon Pasteur donne sa vie pour ses » brebis; il n'en est pas ainsi du mercenaire qui » fuit et laisse ses brebis à la merci du loup. »

Mêmes preuves données par Jean-Baptiste.

Jean-Baptiste, avant d'être mis dans les fers, avait lui-même rendu ce grand témoignage de Jésus à ceux de ses disciples qui se plaignaient de ce que tout le monde le quittait pour aller à lui : « L'homme n'a rien qui ne lui vienne d'en haut; » vous me demandez pourquoi je vous ai dit que je » n'étais pas le Christ, mais que j'avais été envoyé » devant lui; celui qui a une épouse est l'époux; » celui qui est l'ami de l'époux, se tient devant lui, » l'écoute, est ravi de l'entendre; c'est là le cas où » je me trouve, il faut qu'il s'élève et moi que je » m'abaisse; celui qui vient d'en haut est au-dessus » de tous; celui qui sort de la terre est terrestre, et » tout ce qu'il dit se ressent de cette origine. Celui » qui vient du Ciel est parfait, et il rend témoi- » gnage de ce qu'il y a vu et entendu; celui qui re- » çoit son témoignage a au dedans de lui le témoi- » gnage de Dieu qui est la vérité; celui que Dieu » même a envoyé n'annonce que les paroles de » Dieu, car Dieu ne lui donne pas son esprit avec » mesure; le Père aime le Fils et a tout mis entre

» ses mains ; celui qui croit au Fils possède la vie
» éternelle, celui au contraire, qui refuse d'y croire
» n'a point la vie, mais la colère de Dieu demeure
» appesantie sur lui. »

Œuvres de Jésus. Témoignages en sa faveur.

Quoique la prédication de Jésus, accompagnée de prodiges de toute sortes, grands dans leur nature et dans leur objet, fît beaucoup d'impression et produisît beaucoup de fruit parmi les Juifs, ainsi que nous venons de le voir par le témoignage des disciples de Jean, la masse de la nation restait cependant dans l'aveuglement fatal qui lui avait été prédit (VII *Sec. Part.*). Mille préjugés l'empêchaient d'ouvrir les yeux à la lumière; les Pharisiens, secte orgueilleuse, y contribuaient le plus par leurs idées de fausse grandeur, et par l'opinion où ils étaient que le Messie devait relever la puissance temporelle des Juifs et leur soumettre les nations dans un sens tout-à-fait grossier et charnel. Les Pharisiens avaient dénaturé la loi par leurs pratiques puériles et minutieuses; ils ne s'attachaient qu'à l'écorce et non aux principes d'éternelle justice qu'elle prescrivait. Faut-il s'étonner s'ils rejetaient avec hauteur et dédain une morale qui contredisait celle qu'ils s'étaient faite et qui était entièrement opposée aux traditions qu'ils avaient introduites; ils ne pouvaient pardonner à Jésus, non-seulement de guérir un malade le jour du Sabbat, et de s'attribuer le pouvoir de remettre les péchés, acte qui n'appartient qu'à Dieu, mais encore de dire que Dieu était son Père, et de se faire égal à Dieu (VIII *Sec. Part.*).

« Je vous certifie, leur répondait Jésus, que le Fils » ne peut rien faire qui ne lui vienne de son Père ; » tout ce qu'il fait, c'est le Père qui le lui fait faire, » et il lui fera faire des choses bien plus étonnantes » et qui vous jetteront dans l'admiration ; de même » que le Père ressuscite les morts, ainsi le Fils a » le pouvoir de ressusciter qui il lui plaît. Le Père » ne juge personne, mais a donné au Fils tout pou- » voir de juger, afin que tous honorent le fils comme » lui-même ; celui qui n'honore point le Fils, mé- » prise le Père, qui l'a envoyé. Je vous certifie que » celui qui m'écoute et qui croit à ma parole et à » celui qui m'a envoyé, a la vie éternelle, qu'il ne » sera point jugé, mais qu'il passera de la mort à la » vie. Le moment est arrivé où les morts entendront » la voix du Fils de Dieu, et où ceux qui l'enten- » dront acquerront la vie ; car de même que le Père » a la vie en lui, il a aussi donné au Fils le pouvoir » d'avoir la vie en lui-même, et il lui a également » donné le pouvoir de juger, parce qu'il est le Fils » de l'homme ; ne soyez donc point surpris si l'heure » est arrivée où tous ceux qui reposent dans le tom- » beau, entendront la voix du Fils de Dieu, et res- » susciteront : ceux qui ont fait le bien, pour la vie » éternelle, ceux qui ont fait le mal, pour subir leur » jugement. Ce que je fais, je ne le fais pas de moi- » même, mon jugement est fondé sur la justice ;

» parce que je ne cherche point ma volonté, mais
» celle de celui qui m'a envoyé. Si je rends témoi-
» gnage de moi-même, mon témoignage n'est rien;
» il y en a un autre qui rend témoignage de moi, et
» je sais que ce témoignage est vrai; vous avez en-
» voyé vers Jean, et il a rendu témoignage à la vé-
» rité; ce n'est point le témoignage d'un homme
» que j'invoque : il était une lumière éclatante,
» vous avez voulu en être éclairé. J'ai en ma faveur
» un témoignage plus grand que celui de Jean : ce
» sont les œuvres que mon Père me fait faire, et
» pour lesquelles il m'a envoyé. C'est lui-même qui
» rend témoignage de moi, et vous ne l'avez pas
» encore écouté, et vous ne le connaissez pas, et
» vous n'avez point sa parole dans votre cœur, puis-
» que vous refusez de croire à celui qu'il a envoyé :
» examinez les Écritures dans lesquelles vous pen-
» sez qu'est la vie éternelle, ce sont elles qui me
» rendent témoignage, et vous refusez de venir à
» moi pour avoir la vie ! ce n'est donc point le témoi-
» gnage des hommes que j'invoque : je sais que vous
» n'avez point l'amour de Dieu en vous. Je suis venu
» au nom de mon Père, et vous ne m'avez point
» reçu; si un autre venait en son propre nom, vous
» le recevriez; comment pouvez-vous être au nom-
» bre des croyants, vous qui cherchez la gloire qui
» vient de vous, et non celle qui vient de Dieu
» seul? Ne croyez pas que je doive être votre ac-
» cusateur auprès de mon Père : c'est Moïse en qui

» vous avez confiance qui vous accuse; car si vous » croyiez à Moïse, vous croiriez sans doute à » moi, car il a écrit de moi; ou si vous ne croyiez » pas à ses écrits, comment pourriez-vous croire » à mes paroles? Si vous ne m'eussiez ni vu, ni » entendu, vous seriez excusables : mais m'ayant » vu et entendu, vous êtes sans excuse, et vous » persévérerez dans votre péché » : l'endurcissement étant le résultat de l'obstination dans le mal.

C'est ainsi que Jésus confondait les Juifs qui refusaient de le reconnaître pour le Sauveur du monde, pour le Messie promis depuis tant de siècles, annoncé par les Patriarches, par Moïse, par David, par un si grand nombre de prophéties, par une foule de traits de l'histoire d'Israël et de Juda, véritables types; attendu par leurs pères et par eux-mêmes avec une si grande impatience; dont la venue était si nécessaire aux nations qu'il devait réconcilier avec Dieu, méconnu par elles et profondément blessé par leurs différents cultes si remplis de bizarreries et de superstitions sacriléges. Aussi Jésus témoigne-t-il à ses disciples combien ils sont heureux de voir ce qu'ils voient, et d'entendre ce qu'ils entendent : l'objet des vœux de tant de Prophètes et de Justes de l'ancienne loi.

Les œuvres et les miracles de Jésus firent tant de bruit dans toute la Judée, la Galilée, la Samarie et les environs de Tyr et de Sidon, que le Tétrarque Hérode crut qu'il était le même que Jean-Baptiste qu'il venait de faire mourir, et qu'il s'imagina être ressuscité.

Les miracles prouvaient en faveur de la doctrine, comme la doctrine prouvait en faveur des miracles, Dieu ne pouvant justifier par des œuvres surnaturelles une fausse doctrine; mais les Pharisiens trop orgueilleux, trop prévenus d'eux-mêmes pour concevoir la sublimité de cette doctrine que le Sauveur offrait à leur méditation, loin de s'occuper à en faire un examen approfondi qui aurait pu dissiper leurs préjugés, ne cherchaient qu'à l'embarrasser dans les vaines subtilités de leur fausse dialectique; aussi le Sauveur avertissant ses disciples : « Gardez-vous, leur dit-il, du levain des » Pharisiens, ils chargent les autres d'un fardeau » qu'ils ne voudraient pas toucher du bout des » doigts, et quant à l'essentiel de la loi, la piété, » la justice, la miséricorde, la charité envers Dieu » et le prochain, ils n'en tiennent aucun compte; » comme s'il pouvait y avoir quelques motifs de » s'en dispenser; aussi, malheur à vous Scribes, et » Pharisiens, s'écrie-t-il, qui recherchez les pre- » mieres places dans les synagogues et aimez à être » salués sur les places publiques, courant après la » considération sans chercher à la mériter ! malheur » à vous qui vous efforcez de paraître justes aux » yeux des hommes, et qui dans le fond de vos » cœur n'êtes qu'hypocrisie, mensonge et iniquité ! » Malheur à vous qui ressemblez à des sépulcres

» blanchis dont les dehors excitent l'admiration » des hommes, et qui intérieurement sont rem- » plis d'ossements et de corruption ! »

Les Pharisiens lui demandent, pour l'éprouver, si c'est une obligation de payer l'impôt à César : « Montrez-moi, leur dit Jésus, une pièce de mon- » naie : de qui est cette image, cette inscription? » — « De César. » — « Rendez donc à César ce » qui est à César, et à Dieu ce qui est à Dieu. »

Un Docteur de la loi lui demande, au nom des Pharisiens, ce qu'il faut faire pour obtenir la vie éternelle? « Que dit la loi? répond Jésus, qu'y li- » sez-vous? » — « Vous aimerez le Seigneur votre » Dieu de toutes les puissances de votre âme, et » le prochain comme vous-même. » — « Vous » avez bien répondu, dit Jésus, pratiquez ces deux » commandements et vous aurez la vie ; car, de ces » deux commandements, le premier est le plus » grand, mais le second lui est semblable, et c'est » dans ces deux commandements qu'est renfermée » toute la loi et les prophètes. »

Jésus leur demande à son tour : « Que pensez- » vous du Christ, du Messie? de qui est-il fils? » — « De David, répondent les Pharisiens. » — « Mais comment David, guidé par l'Esprit de Dieu, » dit Jésus, l'appelle-t-il son Seigneur en disant : » *Le Seigneur a dit à mon Seigneur, asseyez-vous* » *à ma droite, jusqu'à ce que j'ai réduit vos enne-* » *mis à vous servir de marche-pied?* or si David

» l'appelle son Seigneur, comment peut-il être son » fils? » Et les Pharisiens, ajoute l'écrivain sacré, ne savaient que répondre à cet argument, et depuis, aucun d'eux n'osa plus l'interroger. Jésus avait également imposé silence aux Saducéens qui, niant la spiritualité de l'âme humaine, renversaient le texte de l'Écriture qui désignait le Souverain Être comme étant le Dieu d'Abraham, d'Isaac et de Jacob, Patriarches toujours vivans à ses yeux.

C'est ainsi que Jésus confondait la malice de ses ennemis qui, désirant le perdre, cherchaient à le faire tomber dans le piége et à le prendre dans ses discours. Il n'est donc pas étonnant que dans une autre circonstance, une femme surprise d'entendre sortir de cette bouche sacrée des paroles pleines d'une si profonde sagesse, se soit écriée dans un transport d'admiration : « Heureuse celle dont le » sein vous a porté, et dont les mamelles vous ont » allaité! » — « Plus heureux encore, répond Jésus, » ceux qui écoutent la parole de Dieu et la met- » tent en pratique! »

L'orgueil avait dégradé, perverti notre nature : pour couper jusqu'à la racine de ce vice, notre Sauveur nous dit qu'après avoir rempli tous nos devoirs envers Dieu, le prochain et nous-mêmes, accompli en un mot toute vertu nous devons nous regarder encore comme des serviteurs inutiles, car *quiconque s'élève sera humilié, et quiconque s'humilie sera élevé.*

Transfiguration.

Jésus voulant donner à ses disciples un nouveau témoignage de la divinité de sa mission, prit avec lui trois des principaux d'entr'eux, et les ayant menés à l'écart sur une haute montagne il fut transformé devant eux, son visage devint brillant comme le Soleil et ses habits blancs comme la neige, en même temps Moïse et Elie apparurent à leurs yeux s'entretenant avec lui. Pierre, l'un des trois témoins, sentant déjà un avant-goût des douceurs célestes, s'écria dans un saint transport : « Seigneur, il est bon que nous restions ici ; si vous » voulez, nous ferons ici trois tentes, une pour » vous, la seconde pour Moïse et la troisième » pour Elie. » Comme il parlait encore, une nuée lumineuse les couvrit, et en même temps il sortit de cette nuée une voix éclatante qui dit : « Celui-ci » est mon Fils bien-aimé en qui j'ai mis toute mon » affection, écoutez-le. » Les disciples entendant ces paroles, tombèrent la face contre terre et furent saisis d'épouvante. Jésus s'étant rapproché d'eux, les toucha en leur disant : *Levez-vous, et ne craignez point;* alors levant les yeux, ils ne virent plus que Jésus qui leur recommanda, en descendant de la montagne, d'attendre, pour raconter ce qu'ils venaient de voir, que le Fils de l'homme fut ressuscité.

Le propre des esprits, prévenus d'eux-mêmes, est l'obstination qui conduit à l'aveuglement. Loin de se rendre aux bonnes raisons de leurs adversaires, sans égard pour la vérité et fermant les yeux à la lumière, ils mettent tout en œuvre et ne reculent devant aucun moyen de l'obscurcir, se refusant à l'évidence même des faits.

Une femme, surprise en adultère, est amenée devant le Sauveur. La loi la condamnait à être lapidée; les Pharisiens attendaient avec une maligne impatience quelle serait la décision de Jésus à son sujet, pour en tirer parti contre lui-même : « Que celui d'entre vous qui ne se sent coupable » d'aucune faute, lui jette la première pierre. » Telle fut la sentence prononcée par le Sauveur. Les Pharisiens confondus, se retirèrent la rage dans le cœur, laissant Jésus seul avec la coupable prosternée à ses pieds et osant à peine lever les yeux sur lui : « Quelqu'un vous a-t-il condamnée? » lui demanda Jésus. Sur la réponse négative de cette femme, Jésus lui dit : « Je ne vous con- » damne pas non plus, mais je vous exhorte à » joindre aux regrets de votre faute la ferme ré- » solution de ne plus la commettre. » Telle fut en cette circonstance la conduite de celui qui avait dit : « Apprenez de moi que je suis doux et hum- » ble de cœur, et que je préfère la miséricorde au » sacrifice, » et dont il avait été dit par les Prophètes qu'il ne briserait pas le roseau qui plie, et n'achèverait pas d'éteindre la mèche fumant encore.

Les temps étaient arrivés où il allait être accordé

aux ennemis du Christ, de prévaloir contre lui, et, en obtenant cette victoire momentanée, de consommer l'accomplissement des Écritures qui annonçaient que les souffrances et les humiliations du Christ étaient un acheminement à sa gloire.

Passion et mort de Jésus.

Le terme de la mission de Jésus approchait en effet (IX. *Sec. Part.*). Après avoir parcouru toute la Judée et la Samarie, jusques aux confins de Tyr et de Sidon pendant trois ans et quelques mois, instruisant le peuple dans les synagogues et sur les routes; guérissant tous ceux qui étaient affectés de quelque maladie, mais travaillant surtout à déraciner les vices et à guérir celles de l'âme bien plus dangereuses; révélant des mystères cachés depuis l'origine du monde; proposant les plus grandes vérités sous l'emblême des plus simples comme des plus touchantes paraboles, afin de se mettre à la portée de tous ceux qui l'écoutaient (X. *Sec. Part.*); expliquant tout ce qui avait été dit de lui dans les Écritures, prédisant le succès et l'effet de sa mission et ses suites; il se livra enfin à la malice de ses ennemis les Pharisiens et les Prêtres, excitée au plus haut degré par le plus éclatant de ses miracles (XI. *Sec. Part.*), la résurrection de Lazare, mort depuis quatre jours, et éprouvant déjà dans le sépulcre les effets de la corruption : excitée surtout par son entrée triomphante dans Jérusalem quelques jours après ce miracle qui avait eu un si grand retentissement. Un de ses premiers disciples et qu'il avait élevé à la dignité d'Apôtre, Judas, surnommé *Iscariote* du lieu de sa naissance situé dans la tribu d'Ephraïm, corrompu par la plus exécrable avarice, le trahit, recevant trente pièces d'argent pour prix de son infâme trahison, ainsi que l'avait prédit si longtemps auparavant le prophète Zacharie (*Chap.* XI, *vers.* 12, 13).

Le soir du jour qu'il avait célébré sa dernière Pâque, et institué le Sacrement adorable de nos autels dont la Pâque des Juifs n'était que la figure (XII. *Sec. Part.*), étant allé, comme de coutume, prier avec quelques-uns de ses disciples, dans le jardin des Oliviers près de Jérusalem, il y fut arrêté par les émissaires du Prince des Prêtres et des Scribes, envoyés pour le prendre, d'après les renseignements et sous la conduite de celui qui l'avait vendu, et qui bientôt après se pendit de désespoir d'avoir été la première cause de sa condamnation.

Jésus fut conduit d'abord chez le Grand-Prêtre qui était alors Joseph Caïphe, où, après une généreuse confession de la vérité, il reçut sans se plaindre toutes sortes de mauvais traitements, ensuite chez le Procurateur pour les Romains, Ponce-Pilate qui, le croyant de Nazareth en Galilée, ville de la dépendance d'Hérode, l'envoya à ce prince qui se trouvait alors à Jérusalem, prévenance qui les réconcilia, car ils étaient brouillés. Hérode fut ravi de voir Jésus, d'après tout ce qu'il en avait entendu dire. S'imaginant qu'il allait faire quelques prodiges en sa présence, il lui adressa plusieurs questions qui n'avaient d'autre but que de satisfaire une vaine curiosité, aussi Jésus n'y répondit point. C'est pourquoi Hérode le méprisa, mépris qu'affectèrent les courtisans du Prince, et il le renvoya à Ponce-Pilate, après l'avoir fait revêtir néanmoins d'une robe blanche, en témoignage de son innocence qu'il n'avait pas laissé de reconnaître. Ponce-Pilate, qui n'ajoutait aucune foi aux accusations vagues et dénuées de preuves des Prêtres et des Docteurs de la loi, n'ignorant pas que c'était par envie qu'ils l'avaient dénoncé et mis entre ses mains, s'appuya du témoignage d'Hérode pour proclamer hautement l'innocence de Jésus devant le peuple, et croyant désarmer la haine et l'envie de ses accusateurs, il ordonna la flagellation de l'accusé; elle fut exécutée avec la plus grande rigueur, mais ne put toucher le cœur de ces âmes féroces et passionnées (*). Frustré dans son attente, et intimidé d'ailleurs par les vociférations d'une multitude égarée par les sophismes de ses Prêtres et de ses faux docteurs, redoutant encore la disgrace de l'Empereur dont on le menaçait pour vouloir sauver un homme qui, *se disant Roi, se déclarait l'ennemi de César,* Ponce-Pilate prononça,

(*) *Les pécheurs ont frappé à coups redoublés sur mon dos* (Ps. 128, vers. 3).

quoiqu'à regret, l'arrêt de mort de Jésus auquel le peuple venait de préférer un scélérat nommé Barrabas, coupable d'homicide, pour être amnistié, selon la coutume, à l'occasion de la fête de Pâque. Après s'être lavé les mains en présence du peuple qu'il croyait rendre par là seul responsable de la mort du juste, il le condamna à être crucifié, selon leurs désirs homicides, s'imaginant follement qu'une si lâche condescendance ne le rendrait pas participant de la même injustice, et que les cris de ces forcenés à la vue de leur victime toute sanglante, qu'il leur présentait en disant : « Voila l'homme » (XIII. *Sec. Part.*) : *Qu'il soit crucifié! qu'il soit crucifié! que son sang retombe sur nous et sur nos enfants!....* pouvaient rassurer sa conscience justement alarmée.

Jésus, condamné ainsi à la mort la plus infâme par les calomnies des Juifs, bien plus que par le jugement de Pilate, devint dès ce moment le jouet de la plus vile soldatesque qui exerça sur sa personne sacrée toute sortes d'indignités, se permettant en outre à son sujet les plus indécentes railleries. Enfin après l'avoir couvert d'opprobres, on le chargea de l'instrument de son supplice qu'un Cyrénéen nommé Simon lui aida à porter (il faut porter la Croix avec Jésus, observent les Pères, pour être du nombre de ses disciples), on le mena sur le Calvaire ou Golgotha, montagne hors de Jérusalem où, après l'avoir abreuvé de fiel et de vinaigre, on le crucifia entre deux insignes malfaiteurs. Sur les trois heures du soir, après avoir recommandé sa mère, présente au sacrifice, à son disciple bien-aimé (*), il rendit l'esprit librement, comme une victime volontaire qui s'offrait à Dieu son Père en expiation, pour le salut du genre humain.

L'an 30 de l'ère chrétienne vulgaire.

Le premier effet de l'adorable sacrifice de la Croix fut la conversion de l'un des criminels entre lesquels avait été crucifié Jésus. Reprochant à son compagnon de supplice de s'associer aux injures qu'adressaient les Juifs à leur victime : « Pour » nous, — lui dit-il, — nous méritons notre sup- » plice ; mais celui-là, quel mal a-t-il fait ? » Et tournant la tête vers le Sauveur qui avait jeté sur lui un regard de miséricorde : « Veuillez vous » rappeler de moi, Seigneur, quand vous serez » dans votre royaume. » — « Je vous certifie, — » lui répondit Jésus, — que vous serez ce soir » avec moi dans le Paradis.

Jésus, avant de remettre son esprit entre les mains de son Père, s'écria d'une voix forte et de manière à être entendu au loin : *Eli, Eli, lamma sabacthani; Mon Dieu, mon Dieu, pourquoi m'avez-vous abandonné?* Ce qui fit dire à quelques Juifs hellénistes peu versés dans la langue hébraïque : « Voyons si Elie qu'il invoque viendra à son se-

(*) *Voilà votre mère*, dit-il à Saint-Jean, et en sa personne à tous les Chrétiens, selon la remarque des Pères.

» cours. » Or ces paroles prononcées à dessein par le Sauveur, sont à la tête du Pseaume XXI qui renferme le récit des principales circonstances de sa Passion ; car il n'est aucun trait de cette Passion qui n'ait été prédit, soit par le Psalmiste, soit par les Prophètes de l'ancienne loi (XIV. *Sec. Part.*).

L'inscription apposée au-dessus de la tête de Jésus portait ces mots en trois langues : *Jésus de Nazareth Roi des Juifs*. Les Princes des Prêtres s'en plaignirent à Pilate, en lui observant qu'il fallait mettre : *Qui s'était dit Roi des Juifs*, Pilate s'y refusa, voulant que l'inscription fut maintenue telle qu'elle était conçue.

La plupart de ceux qui furent témoins de la manière dont mourut le Sauveur, le Commandant même de la cohorte Romaine qui gardait les suppliciés, restèrent persuadés qu'il était un personnage plus qu'humain. La nature se bouleversa à sa mort, les ténèbres couvrirent la surface de la terre (XV. *Sec. Part.*), elle trembla jusque dans ses fondements, le voile du temple se déchira depuis le haut jusqu'en bas, et laissa le Saint des Saints à découvert, comme pour indiquer que Jésus venait d'ouvrir le ciel aux hommes par sa mort, plusieurs morts réssuscitèrent et se firent voir dans Jérusalem au jour de la résurrection de Jésus : cette résurrection corporelle étant une image de la résurrection spirituelle que la mort de Jésus devait procurer aux hommes et qui se manifesta d'abord dans ses disciples. A la vue de tous ces prodiges chacun se retirait du Golgotha en se frappant la poitrine en signe de componction ; les principaux d'entre les Juifs restèrent seuls endurcis, leur cœur étant plus dur que les pierres qui se fendaient, selon la remarque des Pères.

Le corps de Jésus ne fut point traité comme celui des deux malfaiteurs crucifiés en même temps, et qui n'étant pas encore morts sur le soir, eurent les jambes rompues, afin qu'ils achevassent de perdre la vie, et qu'on put les retirer de dessus leur croix vers la fin de la soirée, à cause de la solennité du lendemain qui était le Sabbat; un soldat, voyant Jésus déjà mort, se contenta, pour mieux s'en convaincre, de lui percer de sa lance le côté d'où il sortit, selon le rapport d'un témoin oculaire, l'évangéliste Saint-Jean, de l'eau et du sang (*), symboles des deux plus grands sacrements de la loi nouvelle (XVI. *Sec. Part.*). Joseph d'Arimathie qui était disciple de Jésus, mais en secret, ayant obtenu son corps de Pilate, le reçut, après s'en être entendu avec Nicodème, Docteur de la loi, qui avait eu un si long entretien nocturne avec le Sauveur; ils l'embaumèrent et le déposèrent dans un sépulcre neuf dans lequel personne n'avait encore été mis, et qui se trouvait à portée

(*) *Vous ne briserez aucun de ses os*, avait-il été dit aux Israélites à l'égard de l'Agneau Pascal, figure du véritable Agneau de Dieu qui efface les péchés du monde.

de l'endroit où il avait été crucifié ; des gardes y furent placés et la pierre, qui fermait l'entrée du monument, scellée par une précaution des Juifs incrédules qui craignaient que ses disciples ne vinssent enlever son corps et ne publiassent sa résurrection qu'il avait lui-même si souvent annoncée en disant : « Détruisez ce temple, et je le rebâtirai » en trois jours, » et qui avait été d'ailleurs si anciennement prédite (XVII. *Sec. Part.*), mais cette précaution ne servit qu'à la confirmer et à la rendre plus éclatante.

Sa Résurrection et son Ascension au Ciel

Dès le matin du troisième jour qui suivit sa mort, il se fait un tremblement de terre au lieu où avait été déposé son corps ; un Ange descend du ciel, ôte la pierre qui fermait l'entrée du sépulcre ; son aspect est terrible comme la foudre, ses vêtements blancs comme la neige, les gardes épouvantés tombent à la renverse sans connaissance ; un moment après arrivent les femmes qui avaient suivi Jésus de Galilée et qui avaient assisté à son supplice, l'Ange leur adressant la parole : « Pour vous, ne craignez » point, je sais que vous cherchez Jésus qui a été » crucifié, il n'est plus ici, il est ressuscité, comme » il l'avait dit ; venez et voyez le lieu où on l'avait » mis, puis allez de suite annoncer à ses disciples » qu'il est ressuscité, et qu'ils le verront en Gali- » lée. » Jésus se fit voir en particulier à ces saintes femmes, à saint Pierre qui, sur le rapport de ces dernières, était accouru au monument ; aux deux disciples qui allaient à Emaüs; aux dix apôtres réunis à Jérusalem au moment où ils recevaient le rapport des disciples d'Emaüs et où ils s'entretenaient de l'apparition du Sauveur à saint Pierre, et huit jours après à Thomas l'un d'eux, auquel il fit toucher les stigmates de ses plaies, parce qu'il avait douté du récit qui lui avait été fait de la première apparition du Sauveur à laquelle il ne s'était pas trouvé, disant qu'il ne le croirait que lorsqu'il aurait mis son doigt sur la marque des clous, et sa main sur la plaie de son côté; enfin à plus de cinq cents de ses disciples. Après les avoir tous convaincus pendant quarante jours par plusieurs témoignages certains de la vérité de sa résurrection, leur avoir reproché la dureté de leur cœur et leur longue répugnance à croire; leur avoir donné grand nombre d'instructions et fait plusieurs prédictions importantes, les avoir chargés de la haute mission de continuer son œuvre, il monta au Ciel en leur présence le quarantième jour depuis sa résurrection, non sans leur avoir recommandé, immédiatement avant de les quitter, de ne pas s'éloigner de Jérusalem, afin d'y attendre la venue du Saint-Esprit qu'il devait leur envoyer peu de jours après pour les consoler de son absence et les éclairer de ses lumières (XVIII. *Sec. Part.*).

En attendant l'effet de cette promesse, comme le nombre des Apôtres, fixé par Jésus-Christ lui-même à douze, avait été réduit à onze par la prévarication de Judas et par sa mort infâme (un suicide) qui en fut le châtiment; pour compléter ce nombre mystérieux, sur la proposition de Pierre qui en prit l'initiative, comme chef de l'apostolat, il fut pourvu à son remplacement, et le sort, sanctifié par la prière, décida du choix entre deux disciples qui avaient été proposés par l'assemblée, savoir : Joseph, surnommé *le juste* et Mathias sur lequel il tomba, et qui fut agrégé au collége des Apôtres.

Descente du Saint-Esprit.

Le jour de la Pentecôte, grande fête des Juifs, qu'ils célébraient le cinquantième jour après Pâque, comme l'anniversaire du jour où la loi leur fut donnée sur le mont Sinaï, les disciples étant tous rassemblés dans un même lieu, on entendit tout-à-coup un grand bruit qui venait du ciel, semblable à un grand vent, et il remplit toute la maison où ils étaient réunis, et en même temps on vit paraître comme des langues de feu qui se dispersèrent et s'arrêtèrent sur chacun d'eux; aussitôt ils furent tous remplis du Saint-Esprit, et ils commencèrent à parler diverses langues, selon que le Saint-Esprit les inspirait. La ville de Jérusalem était alors remplie de Juifs venus de divers pays à l'occasion de la fête; quelle fut leur surprise d'entendre ceux qu'ils savaient-être de Galilée parler la langue du pays de chacun d'eux! et ce fut en cette même circonstance que, sur la prédication de saint Pierre, le premier des Apôtres, pour expliquer la cause d'une aussi grande merveille prédite par le Prophète Joël (Chap. II, vers. 28, 29 et 30), trois mille de ceux qui étaient accourus au bruit de ce qui venait d'arriver, reçurent la parole de vie et le baptême et eurent ensuite part aux dons du Saint-Esprit.

Dès le moment où les disciples eurent reçu celui qui devait les consoler de l'absence de leur maître et leur enseigner toute vérité, ils furent transformés et devinrent de nouveaux hommes; auparavant ils étaient faibles et timides, maintenant rien ne les arrête, ils brûlent de confesser Jésus-Christ, au péril même de leur vie. Saint Pierre a renié trois fois le divin Sauveur au temps de sa Passion, tous l'ont lâchement abandonné, ils ne pouvaient se déterminer à croire à sa résurrection, aujourd'hui qu'il ne paraît plus, ils sont embrasés de foi et de charité, déterminés à tout souffrir plutôt que de renoncer aux vérités qu'ils sont appelés à enseigner aux autres hommes; ils concevaient avec peine ce que Jésus-Christ leur annonçait pendant sa vie mortelle, maintenant l'intelligence des Écritures leur est familière; ils les expliquent d'une manière admirable en appliquant avec la plus grande justesse les prophéties aux événements qui se passent ou se sont déjà passés sous leurs yeux; rien de ce qui regarde la nouvelle du salut ne leur est étranger, et ils ont encore par dessus tout le don des miracles et du discernement des esprits ; la nature entière leur obéit, comme elle avait obéi à leur divin maître. Le grand conseil de la nation Juive, le Sanhédrin leur fait défense de prêcher au nom de Jésus, ils n'en sont que plus ardents à publier la résurrection de leur divin maître qui doit être la base et le fondement de toutes leurs prédications. Le premier des Apôtres, le chef de l'Église naissante à Jérusalem est arrêté et mis dans la prison publique ; un Ange lui apparaît, ses fers tombent, les portes s'ouvrent d'elles-mêmes, il passe au travers de ses gardes endormis, et arrive au milieu de ses frères, les autres disciples, qui priaient pour lui et qui sont dans l'admiration de le revoir échappé à la rage impuissante des adversaires de l'œuvre sainte, pour le triomphe de laquelle ils se sentent tous disposés à voler à de nouveaux combats. La persécution excitée par les Juifs incrédules redouble, les disciples sont dispersés mais non découragés, et cette dispersion sert merveilleusement à étendre leurs prédications.

Que d'obstacles n'avaient-ils pas à surmonter, ces nouveaux réformateurs, choisis la plupart dans la classe la plus infime du peuple ; mais revêtus de l'auguste caractère d'envoyés du souverain Être (*), que d'obstacles dis-je, n'avaient-ils

(*) *Pro Christo legatione, fungimur tanquam Deo exhortante per nos* (Epist. B. Pauli ad Corinthios secunda, cap. V. vers. 20).

pas à surmonter pour éclairer des peuples *ensevelis* depuis tant de siècles *dans l'ombre de la mort;* purifier des cœurs si horriblement corrompus; faire renoncer à des habitudes si invétérées, à un culte religieux pratiqué depuis si longtemps, flattant les sens et préconisant les passions les plus honteuses; faire évanouir des préjugés si profondément enracinés; faire adopter une morale si pure, mais si austère; des mystères si élevés au-dessus des sens et de l'intelligence, en rapport néanmoins avec les besoins de notre nature; vaincre tant de répugnances de toute sortes, la crainte des plus affreux tourments, de la mort la plus cruelle et la plus ignominieuse qui attendait le *néophyte* (nouveau converti), sa conversion le mettant en opposition avec un gouvernement politiquement persécuteur! Il fallait des motifs bien puissants pour déterminer tant de peuples, de mœurs, de coutumes et d'inclinations si opposés à embrasser le Christianisme, alors qu'il était si dangereux de le professer!

Conversion de Paul

Saul, élevé par Gamaliel, Docteur célèbre de la loi, se montra d'abord un des ardents persécuteurs des *Chrétiens*, nom que s'étaient donnés ceux qui avaient embrassé la nouvelle doctrine dont le fondement est le Christ crucifié et ressuscité; jeune encore il avait participé à la mort du Diacre Étienne, lapidé comme blasphémateur par les Juifs, pour avoir rendu témoignage au Seigneur Jésus.

Tout-à-coup dans le moment où il ne médite que la ruine de ce qu'il appelle *une secte ennemie de sa religion,* il est éclairé sur la route de Damas d'une vive lumière matérielle qui se répand tout autour de lui, image d'une autre lumière surnaturelle qui lui pénètre l'âme; il tombe à la renverse et entend une voix qui lui crie : « Saul, Saul, pour» quoi me persécutes-tu? » — Il répond : « Qui « êtes-vous, Seigneur? » — « Je suis Jésus que » tu persécutes, dit la voix; il t'est dur de re» gimber contre l'aiguillon. » Saul tout tremblant et dans un étonnement qui ne peut s'exprimer, demande ce qu'il faut qu'il fasse. — « Que » tu entres dans la ville où on te le dira, » dit le Seigneur. Ceux qui accompagnaient Saul, témoins de ce prodige, entendant la voix et ne voyant personne, étaient immobiles de surprise et d'effroi; Saul se relève aidé par ceux de sa suite, ouvre les yeux et ne peut plus voir aucun objet, on est obligé de le conduire à Damas où il resta trois jours privé de la vue sans manger ni boire. Il y avait alors dans cette ville un saint disciple nommé Ananie : ce fut lui qui fut choisi pour achever la conversion de Saul. Le Seigneur lui apparait dans une vision, lui indique la demeure de Saul dans la ville, en lui prescrivant de s'y rendre. Ananie n'ignorait pas tout le mal que Saul avait fait aux fidèles de Jérusalem, il avait appris qu'il était sur le point d'arriver à Damas porteur de lettres du Grand-Prêtre, qui l'autorisaient à se saisir de tous ceux de sa nation qui, dans cette ville, avaient embrassé la nouvelle doctrine ; il témoigne ses craintes à ce sujet : « Allez, lui répond le Seigneur, je » l'ai destiné à être un vase d'élection pour porter » la connaissance de mon nom aux Gentils, je lui » apprendrai tout ce qu'il a à souffrir pour l'amour » de moi. » Ananie part, arrive dans le lieu où est Saul, il le trouve en prières et ayant une vision de ce qui va lui arriver ; il lui impose les mains en lui disant : « Saul, mon frère, le Seigneur Jésus » qui vous a apparu sur la route par où vous ve- » niez ici, m'envoie vers vous pour que vous re- » couvriez la vue et que vous soyiez rempli du » Saint-Esprit. » Aussitôt il tomba de ses yeux comme des écailles, et il recouvra la vue; il fut ensuite baptisé, puis ayant mangé, il reprit ses forces, et demeura quelques jours avec les fidèles de Damas, prêchant continuellement dans les synagogues Jésus comme fils de Dieu. Tous ceux qui l'entendaient ne pouvaient revenir de leur surprise sachant combien il avait été opposé à cette doctrine, et de quelle mission il avait été chargé contre ceux qui la professaient. Saul n'en continuait pas moins à confondre les Juifs qui étaient en grand nombre à Damas, en leur soutenant que Jésus était le Christ, le Messie promis à leurs pères, et tirant ses preuves des passages les plus formels de l'Écriture. Enfin, au bout de plusieurs jours ceux-ci formèrent de concert le projet de le tuer ; ils se saisirent de tous les passages pour qu'il ne put leur échapper; mais Saul fut informé des embûches qu'ils lui tendaient, les fidèles le descendirent le long des murs de la ville pendant la nuit, dans un panier d'osier; il vint à Jérusalem où il cherchait à se joindre aux autres fidèles, mais tous le fuyaient avec crainte, ignorant sa conversion. Enfin Barnabé le conduisit aux Apôtres auxquels il raconta toutes les particularités de sa conversion, et dès ce moment Saul ne travailla plus que pour la gloire de Dieu et la propagation de l'Évangile conjointement avec les Apôtres et dans un même esprit; il convertit en Chypre le proconsul Sergius Paulus, et c'est à cette conversion qu'il dût le changement de son nom de *Saul* en celui de *Paul*.

Pilate encourut la disgrace dont l'appréhension l'avait rendu juge inique, en le déterminant à faire couler le sang innocent : accusé auprès de l'Empereur de cruauté envers les Samaritains, par Vitellius, Gouverneur de la province de Syrie, auquel ceux-ci s'étaient plaint, il fut envoyé en exil et se tua de désespoir dans sa retraite.

Caïphe fut aussi déposé du Pontificat par Vitellius, vers la fin du règne de Tibère, après l'avoir possédé neuf ans environ. Il en conçut, dit-on, un tel déplaisir qu'il se donna la mort. Un fils d'Ananus, Jonathas, le remplaça et quatre de ses frères obtinrent successivement le pontificat après lui.

Dieu ne laissa point impunie non plus la mort de Saint Jean-Baptiste. Hérodiade souffrant impatiemment de voir son époux simple Tétrarque, pendant que son frère Agrippa avait le titre de Roi, engagea Hérode-Antipas à aller à Rome solliciter cette dignité auprès de Caligula. Mais cet Empereur, prévenu contre lui, le relégua à Lyon, où Hérodiade le suivit, et où tous les deux moururent misérablement. Caligula augmenta de la Tétrarchie du défunt les états d'Agrippa consistant déjà dans la Tétrarchie qui avait appartenu à Philippe et dans celle d'Abylène qui avait été le domaine de Lysanias, dont il est fait mention au chapitre III de Saint Luc, à l'occasion de la prédication de Saint Jean-Baptiste (*). Hérode-Agrippa

(*) La Chalcide était un petit pays situé le long du mont Liban qui le séparait de la haute Galilée. Il faisait partie de la Célé-Syrie, dont il était une des contrées les plus fertiles : Chalcis en était la capitale. C'est dans cette ville que le philosophe Jamblique prit naissance.

Le pays d'Abylène dépendant aussi de la Célé-Syrie avait pour capitale Abyla : ces deux pays réunis formèrent un petit état qu'on nomma royaume de Chalcide ou Tétrarchie d'Abylène. Josèphe, dans son histoire des Juifs, fait mention d'un roi de Chalcide, nommé Ptolémée-Mennée ou fils de Mennée, qui fut sans doute le premier. Devenu éperdument amoureux d'Alexandra, fille d'Aristobule et femme de son propre fils Philippion, laquelle était d'une beauté extraordinaire, il fit mourir ce fils pour épouser sa belle-fille. Il eut un autre fils, nommé Lysanias, que la reine Cléopâtre fit mourir. Ce Lysanias laissa un fils de même nom, qui fut Tétrarque d'Abylène, sous l'empire de Tibère, et c'est celui dont Saint Luc fait mention, et qui donna son nom à sa capitale et à son petit état.

était fils d'Aristobule et de Bérénice et petit fils d'Hérode-le-Grand et de la belle Mariamne. Il eut pour femme Cypros, fille de Phazaël et de Salampso, aux conseils de laquelle il dût sa fortune : car s'étant attaché à sa persuasion, à Caligula, fils de Germanicus, il en obtint les plus grandes faveurs, quand celui-ci fut devenu Empereur par la mort de Tibère. Accusé d'avoir désiré la mort de Tibère, afin que son protecteur montât plus tôt sur le trône, il fut jeté en prison. Six mois après, Caligula l'en fit sortir en lui faisant présent d'une chaîne d'or, du poids de celle de fer qu'on lui avait fait porter, et lui conférant le titre de Roi avec le don des provinces de Judée, qui avaient formé les Tétrarchies de Philippe et de Lysanias. Il y ajouta bientôt après, ainsi que nous l'avons dit plus haut, celle d'Hérode-Antipas disgracié. Ce fut aux conseils d'Agrippa, que Claude dût l'empire après la mort de Caligula. Claude sut le reconnaître en ajoutant aux états qu'il tenait de son prédécesseur le reste des provinces du royaume de son aïeul dont il se trouva, par là entièrement possesseur. Ce fut lui qui fit périr, par l'épée, l'apôtre saint Jacques et qui fit emprisonner saint Pierre, dont il avait résolu la mort, lorsqu'un ange le délivra miraculeusement, ainsi que nous l'avons déjà raconté. Il mourut bientôt après à Césarée, frappé de la main de Dieu, qui lui envoya une maladie à peu près pareille à celle qui avait emporté son aïeul : il avait régné sept ans. Il laissa un fils, nommé Agrippa comme lui et trois filles, Bérénice, Mariamne et Drusille. Le jeune Agrippa était à Rome, élevé dans la maison de l'Empereur Claude, quand son père mourut: il n'avait alors que dix-sept ans. Claude le trouvant trop jeune pour prendre possession du royaume de son père, en confia l'administration à Cuspius Fadus. Son oncle Hérode eut le royaume de Chalcide avec une autorité souveraine sur le temple et sur le trésor sacré, ce qui lui donnait le privilége de conférer la charge de Souverain-Pontife dont il usa arbitrairement. Cet Hérode eut deux femmes, Mariamne et Bérénice. De la première, qui était fille de Joseph, frère d'Hérode-le-Grand et qui fut tué par Antigone, et d'Olimpe, fille du même Hérode-le-Grand, il eut un fils, nommé Aristobule. De la seconde, qui était fille d'Agrippa, il eut deux fils, Bérénicien et Hyrcan. Ce ne fut qu'après la mort de cet Hérode, qui arriva la huitième année de l'empire de Claude, cinq ans après celle d'Agrippa Ier, qu'Agrippa II régna véritablement. Encore ne régna-t-il que sur le petit royaume de Chalcide, que Claude lui ôta même quatre ans après, lui donnant en échange d'autres provinces. Néron y ajouta quelques villes. Au reste son autorité en Judée était nulle, se trouvant éclipsée par celle des Gouverneurs romains. Elle ne s'étendait, en réalité, que sur le temple et sur la religion juive, et il sut la faire valoir par la destitution fréquente des Souverains-Sacrificateurs dont il semblait se faire un jeu, à l'exemple de ses prédécesseurs, ce qui pronostiquait la fin du culte judaïque. Les Juifs peu habitués à lui obéir, en ce qui regardait le civil, ne tinrent aucun compte de ses exhortations, par lesquelles il les conjurait d'imiter sa fidélité envers les Romains. Il en reçut, au contraire, pour cette raison, les plus mauvais procédés, soit en sa personne, soit en celle des députés, qu'il leur envoyait, soit en ses biens. Aussi joignit-il ses forces à celles de Néron, pour les châtier. Après la mort de Néron, il se rendit à Rome, d'où, apprenant qu'on songeait à élire Vespasien Empereur, il repartit pour le joindre en Judée, et fut des premiers à le féliciter sur son avènement à l'Empire. Il se trouva avec Tite au siége de Jérusalem, comme nous l'apprend l'historien Tacite. Nous donnerons ailleurs les détails circonstanciés de ce siége mémorable. Après la fin de cette guerre, qui se termina par la ruine de Jérusalem et de son temple, ainsi que l'avait prédit Notre-Seigneur (*XIX. Sec. Part.*), Agrippa revint à Rome avec sa sœur Bérénice, et il n'est plus question de lui par la suite. Ce fut en présence de cet Agrippa, de sa sœur et du gouverneur Festus, que saint Paul fit, dans Césarée, ce discours rapporté dans les Actes, aux chapitres XXV et XXVI, et qui ébranla, un instant, l'incrédulité d'Agrippa. Ce prince était suspecté d'un commerce criminel avec sa sœur Bérénice.

Quelles dispositions pour entendre, avec fruit, les grandes vérités du Christianisme !

Propagation rapide de l'Évangile.

Les Apôtres et les autres Disciples du Sauveur, après avoir prêché l'Évangile ou *la bonne nouvelle* dans toutes les parties de la Judée et de la Samarie, fait dans ces deux pays grand nombre de conversions et établi l'Église de Jérusalem, se répandirent dans toutes les provinces de l'Empire Romain, où l'on vit bientôt par l'effet de leurs prédications, accompagnées de miracles, une multitude de prosélytes, donnant l'exemple de toutes les vertus publiques et privées portées jusqu'à l'héroïsme, former en tous lieux des Églises ou réunions de fidèles animés d'un même esprit, celui de foi et de charité : celle d'Antioche, celle d'Éphèse, celle de Smyrne, celle de Pergame, celle de Sardes, celle de Philadelphie, celle de Laodicée, celle de Thyatire, celle de Colosses et tant d'autres en Asie; celle de Corinthe, celle de Thessalonique, celle de Philippes, en Grèce ou en Macédoine; celle d'Alexandrie, en Égypte, fondée par l'Évangéliste saint Marc, Disciple de Saint Pierre; celle de Rome, fondée par les glorieux Apôtres Pierre et Paul et le centre de l'unité catholique à cause de sa prééminence sur toutes les autres Églises établie par notre Sauveur, en la personne de Pierre, selon le témoignage de toute l'antiquité ecclésiastique.

Toutes ces conquêtes pacifiques du Christianisme, fruit de la prédication des Apôtres tous Juifs et de leurs œuvres surnaturelles étaient une démonstration évidente de l'accomplissement des Prophéties dont la traduction des Septante avait répandu la connaissance dans tous les lieux policés, comme il paraît par ce passage si connu de Tacite : *pluribus persuasio inerat, antiquis sacerdotum litteris, eo ipso tempore* (époque du siége de Jérusalem, par Tite) *fore, ut valesceret Oriens, profectique Judæâ rerum potirentur* (C. Corn. Taciti hist. lib. V. § 13). Les hautes destinées que le poète inimitable de l'ancienne Rome, promet au jeune Marcellus, qu'il rend si intéressant, semblent être une application de nos plus célèbres Prophéties, touchant le règne glorieux du Messie ou du Christ. Suétone nous fait également entendre que les nations étaient dans l'attente d'un grand évènement qui devait changer la face du monde. Les mêmes idées se retrouvent jusque dans les bucoliques de Virgile. L'on ne voyait dans un avenir prochain que des sujets de joie et d'allégresse. Témoin les vers suivants, de sa quatrième églogue, adressée à Pollion :

Ultima Cumæi venit jam carminis ætas :
Magnus ab integro sæclorum nascitur ordo.
Jam redit et Virgo, redeunt Saturnia regna ;
Jam nova progenies cœlo demittitur alto.

Tu modò nascenti puero, quo ferrea primùm

Desinet, ac toto surget gens aurea mundo,
Casta, fave, Lucina . . . .
. . . .
Aspice venturo lætentur ut omnia sæclo.

Le Patriarche Jacob, au lit de la mort, avait donc raison de dire, en annonçant si longtemps d'avance la venue du Messie ou du Roi pacifique, *qu'il serait l'attente des nations*, et tous les autres prophètes: *que les pays les plus reculés attendraient sa loi.*

Saints Martyrs.

Saint Étienne Diacre, fut le premier martyr, (*) c'est-à-dire, celui des Chrétiens qui, le premier, scella de son sang, à l'exemple du Christ, son divin maître et modèle, les vérités qu'ils étaient appelés à enseigner au monde. La mort de saint Jacques-*le-majeur*, suivit celle de saint Étienne, et il fut le premier des Apôtres qui reçut la couronne du martyre. Saint Jacques-*le-mineur*, neveu de la Sainte Vierge, par sa mère Marie, femme de Cléophas et établi premier Évêque de l'Église de Jérusalem, *une des colonnes de l'Église*, selon le témoignage de saint Paul, fut martyrisé dix-huit ans plus tard, l'an 62 de Jésus-Christ, sous le pontificat d'Ananus, qui, en l'absence du nouveau Gouverneur Albin, qui devait remplacer Festus décédé, mais n'était pas encore arrivé, le fit condamner comme refusant de désavouer la doctrine du

(*) Ce mot veut dire *témoin*.

Sauveur, et la soutenant, au contraire, avec une merveilleuse constance en présence des Pharisiens et d'une multitude de peuple sur les degrés du temple, d'où il fut précipité, et au bas desquels il fut assommé. L'historien Josèphe rend témoignage, à ses excellentes qualités, en estimant que sa mort fut une des causes des sévères jugements que Dieu ne tarda pas à exercer contre les Juifs homicides (XX. *Sec. Part.*).

Premier Concile, modèle des suivants.

Une discussion s'élève entre les Juifs, anciennement convertis et les Gentils, nouvellement convertis au Christianisme, sur les observances Mosaïques, que les premiers voulaient imposer à ceux-ci. Les Apôtres s'assemblent à Jérusalem pour décider la question, et Pierre parle le premier dans l'Assemblée. La question est débattue et décidée par l'écriture et l'opinion motivée des assistants. Les actes de ce Concile, qui a servi de modèle à tous les autres, furent envoyés à toutes les Églises, pour qu'elles eussent à s'y conformer, comme ayant été l'œuvre du Saint-Esprit. Ce Concile se tint avant le martyre de saint Jacques-*le-Mineur*, puisqu'il y assista et parla le dernier.

L'an 50 ou 51 de l'ère chrétienne.

Epîtres canoniques.

Les Apôtres, pleins de sollicitude pour les Églises qu'ils avaient fondées et auxquelles ils avaient donné des Pasteurs, leur envoyaient des instructions écrites qu'ils adressaient soit aux fidèles réunis, soit à leur Évêque ou surveillant. De là les épîtres de saint Pierre, de saint Paul, de saint Jean, de saint Jacques-*le-Mineur*, de saint Jude son frère, le même que Thadée. Quand on lit ces Épîtres, qui ne respirent qu'onction, charité, renoncement à toute convoitise autre que celle du bien moral, parfait accomplissement des devoirs qu'impose à l'homme sa vie civile et religieuse, on se sent vivement ému et profondément pénétré d'un sentiment de respect et de vénération pour leurs auteurs et pleinement persuadé que ce sont des personnages d'un mérite, je ne dis pas supérieur, mais surnaturel, tel qu'il convient à des Saints si clairement et si admirablement annoncés par ces paroles du IVe Verset du Pseaume 109 : *tecum principium in die virtutis tuæ in splendoribus sanctorum.* En effet, animés de la force et de la vertu du Christ, leur Divin Modèle, ils ne pouvaient que briller du plus vif éclat, de cet éclat qui ressort d'une vertu parfaite, d'une vertu à toute épreuve. Partout, en leurs personnes, comme dans leurs écrits, se faisait ressentir *la bonne odeur de Jésus-Christ.* Leur vie exemplaire était un sujet d'admiration pour les Payens, et en convertissait autant que leurs œuvres miraculeuses.

Il y avait correspondance entre toutes les Églises, et elles étaient unies non seulement par les liens de la plus ardente charité, mais encore par leur étroite communion avec leur Métropole, et surtout avec l'Église principale et mère, celle de

Rome, chaire de saint Pierre, centre de l'unité Catholique.

Évangélistes. Les premiers Chrétiens, enflammés de zèle et de charité, l'esprit et le cœur pleins du souvenir de tout ce qu'ils avaient vu ou entendu dire des merveilles que Dieu venait d'opérer pour le salut du genre humain, n'avaient d'autre empressement, d'autre soin, que de s'en entretenir continuellement les uns les autres : de là, cette foule de récits sur la naissance, la vie, la mort, la résurrection, l'ascension au Ciel du divin Fondateur du Christianisme, qui circulaient de bouche en bouche dans chaque famille. Il n'y en avait pas une où ne se trouvât un Évangéliste, un Historien fidèle de tant de faits contemporains, d'une si grande notoriété, d'une si grande importance et qui allaient changer la face du monde. L'Église, toujours attentive à ce qu'il ne se mêlât dans son enseignement rien que de positif et de bien constaté, n'a conservé, de toutes ces histoires écrites, dont quelques-unes avaient été altérées, à la longue, par les Hérétiques ou les Schismatiques, (*) que celles de saint Matthieu, de saint Jean, témoins oculaires, de saint Marc, de saint Luc, disciples, l'un de saint Pierre, l'autre de saint Paul, et qui tenaient tous les deux des Apôtres les faits qu'ils racontent.

(*) Les *Hérétiques* sont ceux qui enseignent ou professent une doctrine opposée à celle de l'Église : les *Schismatiques* ceux qui s'en séparent ; l'*Hérésiarque* est l'auteur même de l'hérésie.

Saint Luc, qui avait été médecin à Antioche, où il avait pris naissance, a encore écrit l'histoire de la prédication des Apôtres depuis le commencement de cette prédication jusqu'à la première captivité de saint Paul, à Rome, l'an 63 de l'ère chrétienne. Ce fut deux ans après que saint Pierre et saint Paul revenus à Rome y reçurent la Couronne du Martyre, dans la première persécution générale, ordonnée par l'Empereur Néron, et qui fit couler tant de sang innocent, semence féconde qui multiplia les Chrétiens, fortifia et étendit le Christianisme. La lettre célèbre de Pline le jeune, à l'Empereur Trajan, fait foi de la multitude de Chrétiens répandue dans l'Empire et de leur exacte probité. *Nous ne sommes que d'hier,* s'écrie éloquemment Tertullien, dans son apologie, *et nous remplissons tout, vos villes, vos îles, vos châteaux, vos bourgades, vos camps, vos tribus, le palais, le sénat; nous ne vous laissons que vos temples.* L'Évangile de saint Matthieu est le premier en date et il a été écrit en hébreu, l'an 39 de l'ère chrétienne. Saint Marc écrivit le sien l'an 43. Celui de saint Luc a été écrit vers l'an 56, et c'est à son retour de l'île de Pathmos, vers l'an 96, que saint Jean écrivit le sien, pour confondre certains Hérétiques, qui niaient la divinité du Sauveur, et anéantissaient par là la Rédemption (XXI. *Sec. Part.*)

Apocalypse.

L'Apôtre saint Jean est également auteur du Livre de l'Apocalypse, mot grec, qui veut dire *révélation,* et qui contient en effet les révélations dont Dieu voulut bien honorer son Disciple, bien-aimé, pendant son exil, dans l'île de Pathmos, de 95 à 97, touchant les évènements qui devaient arriver dans l'Église jusqu'à la fin des temps. Ce dernier livre de nos Écritures est divisé en 22 chapitres et mérite, malgré son obscurité, autant de respect que les autres, à cause de son authenticité constatée par les témoignages de plusieurs anciens Pères de l'Église grecque, tels que saint Justin, saint Irénée, Origène, auxquels il faut joindre Victorin, Évêque de Pannonie, du IIIe siècle, et enfin par l'autorité de l'Église latine, qui le comprend au nombre des livres de l'Écriture qu'elle reconnaît pour canoniques. L'obscurité de ce livre ne doit pas nous surprendre, puisque c'est une relation de prophéties, qui d'ailleurs ont le plus grand rapport avec celles qui sont consignées dans l'ancien Testament, et dont plusieurs sont déjà accomplies, ainsi que l'ont prouvé d'habiles Commentateurs. Si quelque Histoire est authentique, c'est indubitablement celle de l'ancien et du nouveau Testament, dont se compose *la Bible* (le Livre par excellence). La certitude en est garantie par toutes les nations policées du globe ; peut-elle être dès-lors contrebalancée par l'opinion particulière de quelques individus isolés, sans jugement, sans portée, sans mœurs, en opposition avec tout le genre humain, pour ainsi dire. Une preuve irréfragable de vérité, c'est que le nouveau Testament est la conséquence immédiate de l'ancien : celui-ci nous conduit à l'autre, en est la préparation.

Il y a entre tous les livres de l'ancien Testament et ceux du nouveau, des rapports faciles à saisir et que tout esprit droit et éclairé ne saurait assez reconnaître et admirer.

Parlerai-je du sacrifice figuratif de Melchisédech, Roi de Salem (la ville de paix) et Pontife du Très-Haut; de celui d'Isaac; de l'élévation de Joseph après avoir été vendu par ses frères, réduit à la condition d'esclave et renfermé dans une prison; de la délivrance des Hébreux de la servitude d'Egypte en passant au milieu des eaux; de l'Agneau pascal dont le sang les préserve de la mort; de la manne, nourriture qui leur vient du Ciel pour les soutenir dans le désert avant leur entrée dans la terre promise qu'il leur faut conquérir; du Serpent d'airain que Moïse éleva dans le désert par l'ordre de Dieu, et dont la vue guérissait les Israélites, coupables de révolte, des morsures mortelles qui leur avaient été faites par les serpents de feu; de Samson, le fort des forts, enlevant les portes de Gaza où il avait été renfermé et les portant sur ses épaules jusque sur la montagne Sainte en passant au milieu de ses gardes endormis, et délivrant par sa mort glorieuse les Israélites de la rude servitude des Philistins, sous laquelle ils gémissaient depuis si longtemps.

Que de traits lumineux dans l'ancien Testament qui nous représentent Jésus-Christ et son œuvre sainte !

« Je me suis assise à l'ombre de mon bien-aimé,
» l'objet de tous mes désirs; — est-il dit par
» l'épouse dans le cantique des cantiques (chap.
» II. vers. 3.), — et que je trouve son fruit savou-
» reux ! » — « Vous êtes toute belle, ô ma bien-
» aimée, — dit l'époux à l'épouse dans le même
» cantique, — sans aucune tache et scellée comme
» la fontaine qui reçoit les eaux pures qui coulent
» du Liban. Tel qu'est le lis entre les ronces, telle
» ma bien-aimée entre les filles. »

Or l'Ange annonçant à Marie son ineffable conception en l'assurant que sa pureté n'en pourrait-être ternie, lui dit : « Que la vertu du Très-Haut
» l'ombragerait.

On trouve dans l'Ecclésiastique (chap. I, vers. 3, 4, 5 et 6.), « que la sagesse, la lumière intel-
» lectuelle, a précédé toute chose, qu'elle est dès
» le commencement. Le verbe de Dieu qui réside
» au plus haut des cieux, — ajoute l'auteur, —
» en est la source, et ses voies sont ses com-
» mandements éternels. Qui a jamais pénétré ses
» secrets? Dieu seul qui l'a établie dans le Saint-
» Esprit; je suis sortie de la bouche du Très-Haut,
» — dit la Sagesse elle-même (chap. XXIV). — J'ai

» poussé des fleurs d'une odeur suave, comme la » vigne... Je suis la mère du pur amour... En moi » est toute grace, toute vérité, toute vie, toute » vertu; venez à moi, vous tous qui me recher- » chez avec ardeur, et nourrissez-vous des fruits » que je porte, fruits plus doux que le miel... » Ceux qui me mangent auront encore faim, et » ceux qui me boivent auront encore soif. »

« Le Seigneur a promis à son serviteur David, — est-il dit dans le même chapitre (vers. 34.), — » de faire sortir de sa race le plus puissant Roi, des- » tiné à être éternellement assis sur un trône de » gloire. »

Après avoir passé en revue les personnages les plus célèbres de l'ancien Testament, en les caractérisant par differents traits de leur vie, conformément à ce qu'en rapporte l'histoire sainte, l'auteur, Jésus fils de Sirach, termine son livre par une prière dans laquelle il invoque *le Seigneur, père de son Seigneur.*

Nous pourrions citer une infinité d'autres passages aussi remarquables au même point de vue. Qu'il est déplorable que dans notre société actuelle, la plupart des hommes ne lisent pas nos saintes Écritures pour se convaincre de cette surprenante analogie!

Qui pourrait concevoir d'après ces citations, la persistance des Juifs à rejeter la doctrine évangélique, si leur aveuglement n'avait été prédit si longtemps d'avance? Cet aveuglement, cet endurcissement est un miracle perpétuel, ainsi que nous l'observons ailleurs.

Triomphe du Christianisme.

Après trois siècles de persécutions inouïes qui n'eurent quelques relâches qu'à des intervalles éloignés, (*) l'Église chrétienne triompha par sa constance invincible et par sa foi dans les promesses de son divin fondateur. Quoique dans cette longue durée, elle eut adressé, de temps à autre, à ses persécuteurs des apologies pleines de force et de raison, elle avait été obligée de cacher et de célèbrer, dans le secret et dans l'obscurité des catacombes, ses augustes mystères; de là l'origine de l'usage des lumières dans ses offices et le service divin. Mais au IVe siècle, si mémorable pour elle, qu'il a été appelé le beau siècle de l'Église, on la vit produire, au grand jour, ses dogmes, sa doctrine, sa liturgie, sa discipline, sa hiérarchie, son admirable constitution, qui a traversé tant de siècles, jusqu'à nos jours, sans éprouver la moindre altération, bien différente en cela des institutions humaines, sujettes à toutes les vicissitudes des choses périssables de ce monde. L'œuvre du Christ ou son Église, comme saint Paul l'a dit du Christ même, était hier, est aujourd'hui et sera dans tous les siècles, la perpétuité lui étant

(*) On compte durant ce laps de temps dix persécutions générales, indépendamment des partielles.

assurée, parce que tout lui appartient et a été fait pour elle ou en sa considération.

Pères de l'Église. Des hommes éminents en science et en piété édifièrent, illustrèrent l'Église dans les trois premiers siècles, un plus grand nombre dans le IVe et les suivants. Indépendamment de leur sainteté, reconnue dans l'Église universelle, les titres de *Docteurs* et de *Pères* leur furent donnés à cause de l'autorité généralement acquise à leurs écrits en matière de foi et de doctrine. Nous citerons pour les trois premiers siècles le philosophe saint Justin, saint Irénée, successeur de saint Pothin, au siége de Lyon, dans les Gaules, (*) Origène de l'école d'Alexandrie, son disciple saint Grégoire de Néo-Césarée, surnommé *le Thaumaturge* à cause du grand nombre de ses miracles, saint Cyprien, Évêque de Carthage, saint Clément d'Alexandrie, saint Optat, Évêque de Milève en Numidie, cité

(*) Saint Irénée, d'une érudition consommée tant dans les choses profanes que dans les choses sacrées, n'ignorant rien de la fausse doctrine des hérétiques de son temps, qu'il réfuta si habilement, a justifié, ce que dit de lui Tertullien : *Irenæus omnium doctrinarum curiosus explorator.* Son exposition de foi est en tout conforme à la nôtre ; il la tenait de saint Polycarpe, qui l'avait reçue des Apôtres. Saint Irénée confessa cette foi en souffrant le martyre dans la cinquième persécution ordonnée par Sévère, suivant en cela le bel exemple que lui avait donné, dans la quatrième persécution, saint Polycarpe son ancien maître. *J'en crois des témoins qui se font égorger*, a dit judicieusement le savant Blaise Pascal. D'après une ancienne inscription, qui se voit encore à Lyon, le nombre des martyrs, dans la cinquième persécution qui enveloppa saint Irénée, fut de dix-neuf mille, sans

avec éloge par saint Augustin, saint Jérôme, et saint Fulgence, et qui a écrit contre les Donatistes plusieurs livres dans lesquels il fait ressortir victorieusement l'unité et l'infaillibilité de l'Église. Il paraît par ses écrits dont on a fait plusieurs éditions, qu'il ne manquait ni d'étude ni d'esprit. Son style est noble, serré et véhément. Nous ne pouvons nous refuser à nommer aussi Tertullien, qui mérita dabord de l'Église par plusieurs écrits et surtout par son apologie du Christianisme adressée au Sénat Romain et aux Empereurs, et remarquable par des traits d'éloquence mâle, quoiqu'un peu Africaine. C'est dans cette apologie que Tertullien fait mention des actes ou procès-verbaux de Pilate, touchant la Passion, la mort et la résurrection de Notre Seigneur Jésus-Christ, envoyés par ce Gouverneur à Tibère qui, après leur lecture, proposa au Sénat de mettre Jésus-Christ au

compter les femmes et les enfants, et Voltaire vous dira froidement qu'il y a eu peu de martyrs. D'où a-t-il tiré cette assertion si ce n'est de son mauvais vouloir? Mais peut-on compter sur la bonne foi des sophistes pas plus que sur celle des utopistes?

C'est au martyre de saint Denis, premier Évêque de Paris, qui eut la tête tranchée avec saint Rustique, Prêtre, et saint Éleuthère, Diacre, dont il était accompagné dans les septième et neuvième persécutions ordonnées, l'une par Dèce, l'autre par Aurélien, que doit son nom l'une des collines qui entourent Paris, *Mont des Martyrs* et en abrégé *Montmartre*, qu'elle a conservé jusqu'à ce jour. Bien des fidèles durent éprouver le sort glorieux de leur Pasteur et de ses Collaborateurs, et, suivant un si magnanime exemple, firent généreusement le sacrifice de leur vie à la foi qu'ils venaient de recevoir.

nombre des Dieux, actes que l'apologiste soutient avoir été consignés dans les registres publics et auxquels il renvoie ceux à qui il adresse son apologie.

Nous citerons pour le IVe siècle et les suivants, saint Cyrille de Jérusalem, saint Cyrille d'Alexandrie, saint Athanase, saint Basile, saint Grégoire de Nysse, son frère, saint Grégoire de Naziance, saint Épiphane, Évêque de Salamine, dans l'île de Chypre, saint Jean Chrysostôme (Bouche d'Or), de l'Église grecque, Lactance, surnommé le Cicéron chrétien, disciple du rhéteur Arnobe, saint Hilaire de Poitiers, saint Ambroise, Évêque de Milan, saint Jérôme, prêtre, saint Augustin, Évêque d'Hippone, saint Fulgence, saint Prosper, saint Martin, Évêque de Tours, saint Grégoire, Pape, tous de l'Église romaine, qui par ses missionnaires sait si bien s'acquitter de la mission qu'elle a reçue depuis tant de siècles de répandre la foi jusqu'aux extrémités du monde.

Les prédicateurs et écrivains Protestants, cherchant à atténuer les fortes preuves qu'on pourrait tirer contre leur doctrine, des écrits en si grand nombre des Pères de l'Église, ont fait d'inutiles efforts pour affaiblir le mérite de ces écrits, et la saine critique a réduit depuis longtemps au néant leurs vaines allégations. Il n'est pas un homme de goût qui n'ait reconnu dans saint Justin, une vaste érudition, une élocution énergique et de la force dans les mouvements oratoires; dans saint Clément d'Alexandrie, un style fleuri, souvent éloquent, parfois sublime; dans Origène, la plus grande force de vérité et d'éloquence; dans saint Athanase, un style concis et serré, sans sécheresse, de la profondeur sans obscurité, de la vigueur dans ses preuves et une dialectique qui émeut puissamment, comme les plus grands mouvements de la parole; dans Eusèbe Pamphile, auteur d'une *Démonstration évangélique*, indépendamment d'une *Histoire ecclésiastique*, une grande érudition, un style simple et noble; dans saint Grégoire de Naziance, de la noblesse et une énergique précision dans le style, de l'abondance dans l'argumentation, de la vivacité dans les figures, du pathétique dans les mouvements; dans saint Basile de Césarée, la réunion de tout ce qui peut persuader, convaincre et charmer l'esprit, une diction à la fois grave, sentencieuse et austère, sans être dépourvue de grâces; dans Saint Cyrille de Jérusalem, une simplicité et une netteté de style admirable. Ses catéchèses ou instructions sont un abrégé parfaitement rédigé de la Doctrine chrétienne et entièrement conforme à celle qu'enseigne l'Église Catholique; dans saint Jean Chrysostôme d'Antioche, surnommé le Cicéron de l'Église grecque, le plus grand maître, avec saint Basile, de l'éloquence chrétienne. Ses innombrables homélies sont pleines de grandes images. Toujours le même éclat, la même splendeur dans le style.

Quoique les Pères latins le cèdent aux Pères grecs pour les grâces et la beauté du langage, on trouve néanmoins dans l'*Apologétique* de Tertullien de la force, de la précision, une éloquence mâle et vigoureuse, pleine d'images et de mouvements pathétiques; dans la *Défense du Christianisme,* par Minucius Félix, un style élégant et pur; dans le *Traité contre les Gentils* d'Arnobe, beaucoup d'érudition; dans l'*Exposition du Christianisme* de Lactance, de la pureté, de l'élégance, de la vigueur dans le raisonnement, de l'adresse dans la polémique, de la clarté dans les pensées; dans les ouvrages de saint Ambroise, un style fleuri, doux, abondant; dans ceux de saint Augustin, une sensibilité exquise, une fécondité inépuisable, une source intarissable d'émotions; dans les lettres de Saint Jérôme, l'enthousiasme de la vertu telle que la conçoit le parfait Chrétien, quand elles donnent des leçons de morale ou des instructions sur l'éducation; des traits pathétiques et touchants, quand elles font l'éloge de personnages qui ne sont plus. Saint Prosper Aquitain, et que l'on présume avoir été Évêque de Riez en Provence, vivait dans le vme siècle : il est auteur d'une chronique et de plusieurs ouvrages tant en prose qu'en vers, qui dénotent un grand savoir, de l'esprit et beaucoup d'éloquence. Il avait été secrétaire du Pape saint

Léon. Il employa tout son loisir à réfuter les Hérétiques et à défendre les écrits de saint Augustin, sur la grâce contre les Semi-Pélagiens. « Rome, » écrivait ce grand Saint, l'un des Pères les plus » illustres de l'Église gallicane; Rome, le siége » de Pierre, devenu sous ce titre le chef de l'ordre » pastoral dans tout l'univers, s'assujétit par la Re- » ligion ce qu'elle n'a pu subjuguer par les armes. » Remarquons au reste que tous les Pères, tant grecs que latins, ont exalté à l'envi le siége de Rome, comme étant le siége de Pierre. L'on en jugera par les citations suivantes prises dans leurs écrits :

CITATIONS.

Domus Dei una est; nemini salus nisi in Ecclesiâ esse potest. (S. Cypr.)

Quamvis apostolis omnibus, post resurrectionem suam, parem potestatem tribuat, tamen, ut unitatem manifestaret, unam Cathedram instituit, et unitatis ejusdem originem ab uno incipientem suâ auctoritate disposuit. (S. Cypr.)

Deus unus est et Christus unus et una Ecclesia et Cathedra una super Petrum Domini voce fundata. (S. Cypr.)

Sola catholica Ecclesia ea est quæ verum cultum retinet. Hic est fons veritatis, hoc est domicilium fidei, hoc est templum Dei. (Lactant.)

Unus eligitur ut, capite constituto, schismatis tollatur occasio. (S. Hieron.)

Si quis Cathedræ Petri jungitur, meus est. (S. Hieron.)

Tenet me in Ecclesiâ catholicâ ab ipsâ sede Petri apostoli cui pascendas oves suas Dominus commendavit usque ad præsentem Episcopum, successio Sacerdotum. (S. August.)

Deus in Cathedrâ unitatis doctrinam posuit veritatis. (S. August.)

Saint Irénée du IIme siècle, grec d'origine, envoyé dans les Gaules par saint Polycarpe, Évêque de Smyrne, dont il fut le disciple, et successeur de saint Pothin, sur le siége de Lyon, tient le même langage sur l'unité de l'Église et son chef visible.

Saint Optat, Évêque de Milève en Numidie, dans le IVme siècle s'exprime aussi clairement sur le même sujet.

Qui n'admirerait cette parfaite unité de l'Église catholique qui ressort de sa constante adhésion à son chef visible, d'où naît l'uniformité de sa doctrine? Le savant Leibnitz en était si frappé qu'il formait le vœu de voir toutes les communions séparées, se réunir à ce centre commun, pour faire cesser cette indécision dans laquelle elles flottent et arrêter ce grand nombre de professions de foi, s'excluant et se détruisant les unes les autres, afin qu'il n'y eût plus qu'un seul troupeau dirigé par un seul pasteur, *unum ovile et unus pastor,* selon les paroles de Notre Seigneur Jésus-Christ même, et qu'on revint de bonne foi à ce principe si simple et si fécond de la primitive Église : *unus Deus, Christus unus, una fides, unum baptisma, una Ecclesia supra Petrum, voce Domini, fundata.*

Il s'est trouvé des protestants qui ont osé nier que saint Pierre fut jamais venu à Rome, se mettant en opposition avec toute l'antiquité ecclésiastique et les plus anciens Martyrologes qui constatent que les glorieux Apôtres Pierre et Paul ont reçu à Rome la Couronne du martyre.

« Aux jours de Claude-Auguste, dit Eusèbe dans » son histoire ecclésiastique (Liv. II, Chap. 14), » la divine et miséricordieuse Providence dirigea » sur Rome, devenue la corruptrice du genre hu- » main, le plus fort, le plus grand, le prince des » Apôtres, Pierre, qui, muni d'armes célestes, vint » de l'Orient apporter le précieux trésor de la lu- » mière intellectuelle à ceux qui habitaient vers » le Couchant. »

Voici de quelle manière s'exprime le grand saint Léon dans un sermon prononcé le jour de la fête des glorieux Apôtres Pierre et Paul :

« Pierre, le prince des Apôtres, eut en partage la » Capitale de l'Empire romain, afin que cette lu- » mière de la vérité, qui devait éclairer tout le » genre humain, étant placée au centre de l'uni- » vers, répandit plus aisément ses rayons de tous

» côtés..... C'était là qu'il fallait terrasser la phi-
» losophie! là qu'il fallait détruire les vains men-
» songes de la sagesse humaine! là qu'il fallait
» renverser le culte des démons! là enfin, qu'il
» fallait anéantir l'impiété de toutes les erreurs sa-
» crilèges, puisque cette ville en était le foyer!
» Bienheureux Pierre, vous ne craignez pas de
» venir dans cette grande cité, tandis que Paul,
» votre compagnon de gloire et de travaux, donne
» ses soins à l'établissement de tant d'autres Égli-
» ses; vous entrez dans cette forêt remplie de bê-
» tes féroces; vous marchez sur cet Océan tumul-
» tueux avec plus d'assurance que sur la mer;
» vous ne tremblez point à l'aspect de cette maî-
» tresse du monde; vous qui fûtes saisi de crainte,
» dans la maison de Caïphe, à la voix d'une simple
» servante..... Est-ce que la tyrannie de Claude et
» la férocité de Néron étaient moins à redouter?
» Mais votre amour surpassait vos craintes..... Les
» miracles que vous aviez opérés, la grâce dont
» vous étiez comblé et l'épreuve que vous aviez
» faite de vos pouvoirs, augmentaient votre con-
» fiance. Vous aviez déjà prêché les Juifs, fondé
» l'Église d'Antioche, empli de la prédication
» évangélique le Pont, la Galatie, la Cappadoce,
» l'Asie et la Bithynie, et vous ne doutiez plus du
» succès de votre œuvre et du temps qui vous res-
» tait pour l'accomplir, lorsque vous faisiez entrer
» l'Étendard de la Croix de Jésus-Christ, sous les

» arcs de la cité romaine, où, selon les décrets de » la Providence, vous attendaient et l'honneur de » votre dignité et la gloire de votre martyre.

Ces belles paroles ont sans doute inspiré Barthélemy, auteur de la *Némésis*, terminant ainsi son morceau sur les deux Rome :

On sort ensuite, et l'air du champ transtéverin
Est large à respirer, le Ciel est plus serein,
Notre cœur est en fête; aux colonnes voisines,
Noires encor du feu des torches éleusines,
Aux monuments tombés, aux profanes jardins,
On n'accorde, en passant, que de calmes dédains;
Et lorsque le jour tombe, et que l'*Angelus* tinte,
Et que le crêpe noir couvre la ville éteinte,
On se recueille bien de peur d'être oublieux,
On met la main au front et l'on dit : en ces lieux
Vint un pêcheur obscur; aux flots de Césarée
Il laissa les débris de sa barque égarée;
Il marcha bien longtemps, solitaire piéton,
La croix dans une main et dans l'autre un bâton;
L'âge et la pénitence avaient courbé sa taille;
Seul, il défia Rome et lui livra bataille!
Et cette Rome avait un Empereur puissant
Qui, dans ses doux loisirs, jouait avec du sang;
Et des soldats si forts que, d'un seul coup de lance,
A l'univers mutin, ils imposaient silence.
Eh bien! comme l'épi sous la main du faucheur,
Tout Rome s'écroula quand parut ce pêcheur;
Les Dieux prirent la fuite; un Évêque sans glaive
S'installa sur la place où SAINT-PIERRE s'élève,
Et ce fut un mystère à donner des frissons,
A briser notre corps et notre âme..... Pensons!

Il est certain que cette perpétuité de l'Église catholique, qui reconnaissant le Pape pour son chef visible, tient par cette succession incontestable et sans interruption de ses premiers pasteurs à Jésus-Christ son fondateur, qui a donné à saint Pierre et, en sa personne, à tous ses successeurs, les clés du Royaume du Ciel, le pouvoir de lier et de délier, en lui disant en particulier, comme il avait dit à tous ses Apôtres réunis : *Tout ce que vous lierez sur la Terre sera lié dans le Ciel, et tout ce que vous délierez sur la Terre sera délié dans le Ciel;* il est certain, dis-je, que cette perpétuité qui date de plus de dix-huit siècles donne lieu de *penser*, et c'est ce qui a fait dire à de profonds penseurs, à des penseurs de bonne foi, *que c'était une enclume qui userait bien des marteaux.*

Les Pères ont toujours opposé aux prétentions des Hérétiques ou des Schismatiques cette succesion immortelle des Papes, remontant à Saint Pierre, de saint Pierre à Jésus-Christ, de Jésus-Christ à Dieu.

Nous n'avons du grand saint Léon, qui a tant illustré l'Église par ses travaux apostoliques, que des lettres et des sermons, qui se distinguent par des périodes nombreuses et bien cadencées, un style poli et étudié, de belles épithètes et d'agréables antithèses. Saint Grégoire, Pape vers la fin du VIme siècle, époque de la décadence des lettres ne laisse pas d'avoir une composition facile, quoique peu travaillée. Ses pensées sont vraies et solides, mais sans élévation; son style est diffus, ses termes peu choisis, il est plein de lieux communs, défauts dûs au siècle où il vivait.

Le Christianisme nous sauve de la barbarie.

Le Christianisme eut ensuite à lutter avec la barbarie, et en triompha également. Toutes les nations barbares qui renversèrent l'Empire romain, *ce Colosse aux pieds d'argile*, et s'établirent sur ses débris, vengeant ainsi l'univers asservi et le sang répandu des Saints Martyrs, se soumirent au Christianisme et lui durent leur civilisation, leurs lois civiles comme leurs lois religieuses, un certain droit des gens inconnu jusqu'alors, et ces rapports entr'elles qui les unirent par les liens d'une confraternité universelle. Les sciences et les arts, menacés d'être engloutis dans un nouveau déluge, s'étaient réfugiés dans ces asiles sacrés, dans ces congrégations monastiques auxquelles on a rendu si peu de justice et montré si peu de reconnaissance, pour reparaître avec un nouvel éclat et acquérir une perfection dûe au sentiment du beau, révélé par les idées religieuses. La Religion chrétienne, en un mot, fut la nouvelle arche de salut pour le genre humain.

Nos Sophistes modernes ont l'insigne mauvaise foi d'accuser le clergé catholique de vouloir étouffer les lumières : on sourit de pitié à de telles allégations répétées jusqu'à satiété. Comment feignent-ils d'ignorer, ces détracteurs acharnés de la vérité, que les plus grandes découvertes dans les sciences et les arts ont été faites par des ecclésiastiques ou des moines ; que ceux-ci nous ont conservé les chefs-d'œuvre de la littérature ancienne, et ont défriché une grande partie de nos terrains incultes ; que c'est à un Chanoine de l'Église de Warmie, que nous devons la démonstration du vrai système du monde ; que le génie de Gassendi s'est exercé sur les plus hautes questions de la physique céleste ; que les Papes ouvrirent un asile aux sciences et aux arts, refoulés de l'Orient par la barbarie ; que les vassaux du moyen-âge trouvèrent presque toujours dans la puissance spirituelle des Papes un recours efficace contre les violences de leurs suzerains ; que les Papes, dans ces temps d'injustice et de tyrannie, se montrèrent constamment les protecteurs-nés du faible contre le puissant, de l'opprimé contre l'oppresseur, de la veuve et de l'orphelin contre leurs persécuteurs ? Nos Sophistes ont l'air de s'apitoyer sur le sort de l'Italie, livrée à l'influence du sacerdoce romain, quand ce furent les efforts soutenus des Papes qui empêchèrent la barbarie de prévaloir en Europe, lors des luttes incessantes de l'Islamisme contre le Christianisme, et quand le reste de l'Europe doit tout à l'Italie, sur laquelle a lui le beau siècle de Léon X, bien avant que celui de Louis-le-Grand, brillât sur la France, quand évidemment Rome ne peut se passer des Souverains Pontifes sans déchoir, sans s'effacer entièrement. Sentinelles avancées préposées au salut de la chrétienté, les Papes n'ont jamais failli à cette haute mission. Les premiers cris de *réforme* à la suite du relâchement introduit par le malheur des temps, dans la discipline ecclésiastique, ne partirent-ils pas de la chaire apostolique, occupée alors par Grégoire VII ? Qu'on juge une bonne fois pour toutes, par cette légère esquisse, de la valeur des reproches qu'adressent au Clergé catholique les ennemis de toute croyance. Eh ! n'avons-nous pas vu nos Sophistes à l'œuvre en France, et ne pourrions-nous pas leur rétorquer avec bien plus de justice et de vérité les accusations dont ils sont si prodigues contre le ministère catholique, en haine d'une Religion qui condamne leurs erreurs, mais qui les embrasse tous dans sa charité universelle ?

On accuse le Catholicisme d'intolérance : cette accusation est encore mal fondée. L'Église catholique possédant le dépôt de toutes les vérités nécessaires au salut et étant appelée à les enseigner, elle dit comme Jésus à Pilate : « J'ai pour mission » de rendre témoignage à la vérité, et celui qui » refuse de m'entendre se refuse à connaître la » vérité. » Elle prévient charitablement les peuples et ils lui doivent de la reconnaissance pour cet avertissement salutaire. S'il y a eu des violences exercées autrefois contre les Hérétiques, c'était une conduite opposée à l'esprit du Christianisme, *qui ne veut pas la mort du pécheur, mais qu'il se convertisse*. Ces rigueurs, pour l'ordinaire, venaient de l'autorité publique, intéressée à réprimer les désordres pour sauvegarder la société, troublée par des innovations dangereuses et des principes subversifs; car alors on ne pensait pas qu'il pût être permis de tout écrire, de tout publier impunément, pour empoisonner les intelligences et faire appel à la révolte contre l'autorité, soit civile soit religieuse.

Il se trouve des gens dans le monde qui, feignant un grand respect pour la loi évangélique, dont ils ne sauraient contester la perfection, l'excellence, la séparent de l'Église catholique contre laquelle ils s'élèvent, distinguant aussi le Christianisme du Catholicisme, comme si le Catholicisme n'était pas le Christianisme ou la doctrine du Christ, enseignée sans intermission, depuis les Apôtres, ses envoyés, jusqu'à nous, en tout temps et en tous lieux, comme l'exprime le mot *Catholique*, qui équivaut à celui *d'Universel;* comme si nous ne tenions pas l'Évangile de l'Église catholique, qui l'a prêché de vive-voix, d'après l'ordre de son divin chef, avant qu'il eût été consigné par écrit, les premières Églises ou réunions de fidèles, ayant été fondées par la parole et non par des écrits, selon ces belles paroles de saint Paul : « Quiconque invoquera le nom du Seigneur sera sauvé.

» Mais comment pourront-ils invoquer celui auquel » ils ne croient point? ou comment pourront-ils » croire à celui qu'ils n'auront point entendu? et » comment pourront-ils l'entendre sans prédica- » teurs? et comment pourra-t-il y avoir des prédi- » teurs s'ils ne sont envoyés, ainsi qu'il est écrit : » Qu'ils sont beaux les pieds de ceux qui prêchent » la paix et tous les biens! Mais que dis-je? qui ne » les a pas entendus? leurs paroles ont retenti jus- » qu'aux extrémités du monde. » Ceux qui ne croient pas sont donc inexcusables.

On a osé dire que les pratiques religieuses rétrécissaient l'esprit. Ne confondez pas la Religion avec la superstition, et remarquez que c'est à des hommes de foi, aux Bâcon, aux Newton, aux Képler, aux Euler, aux Descartes, aux Leibnitz, aux Pascal, aux Mallebranche, que nous devons les plus grandes découvertes dans les sciences physiques et métaphysiques. Que sont devenues ces belles contrées de l'Orient, où le flambeau de la foi s'est éteint? Les sciences et les arts de la civilisation s'en sont retirés; elles ne portent plus que des fruits de mort. Que de prodiges de civilisation au contraire ont éclaté dans ces forêts vierges du Nouveau-Monde, à mesure que la foi chrétienne s'y est introduite! Que de vertus, que de beaux exemples chez des peuples naguère sauvages et inhumaims, jusqu'à verser le sang de leurs frères pour s'en abreuver et se nourrir de leurs chairs palpitantes!.... Qui a détruit l'esclavage parmi les hommes, si ce n'est le Christianisme? Lui seul a doté l'humanité de la vraie liberté en l'affranchissant du joug honteux des passions mauvaises, en lui donnant la facilité de faire toujours le bien, et de s'abstenir constamment du mal, la facilité de marcher en tout temps, en présence du Souverain-Être dans la voie de ses commandemens.

Conclusion de la Première Partie.

Isaïe, faisant parler le Seigneur, avait dit, en terminant ses prophéties :

« Je viens pour rassembler toutes les nations, » toutes les langues; je planterai *mon Étendard* au » milieu d'elles; je choisirai quelques-uns de » ceux qui auront été sauvés pour les faire Prê- » tres et Lévites; je les enverrai vers les peuples » qui habitent les bords de la mer, vers ceux qui » habitent la Lydie, l'Afrique, la Grèce, l'Italie, » vers ceux qui se servent d'arc et de flèches, vers » les îles les plus éloignées; vers tous ceux qui » n'avaient jamais entendu parler de moi et qui n'a- » vaient pas vu ma gloire, que je leur ferai con- » naître. On les verra montés sur des chevaux, des » mulets, des chars, des quadriges, des litières, » des voitures, accourir en foule à la montagne » sainte pour s'offrir en don au Seigneur. Toute » chair se prosternera devant ma face, dit le Sei- » gneur, je renouvellerai toutes choses, et ce sera » pour durer à jamais devant moi.

» Allez, baptisez et instruisez les nations en

» mon nom, — dit Jésus à ses Disciples, avant » de monter au Ciel en leur présence, — et soyez » assuré que je suis avec vous tous les jours jus- » qu'à la consommation des siècles. »

L'Église fidèle aux ordres qu'elle a reçus de son divin fondateur, les exécute ponctuellement et avec persévérance par ses missions, ses prédications, ses instructions qu'elle adresse en tous lieux à tous les âges, à toutes les conditions. « Qui ne » les a pas entendus? leurs paroles ont retenti » jusqu'aux extrémités de la terre, et cependant » qui les a écoutés? » — dit encore le Prophète Isaïe. — C'est qu'il y en a beaucoup d'appelés, mais peu d'élus. Vérité terrible, mais vérité certaine, vérité d'expérience et dont on fait même une objection contre la divine parole, contre un oracle sorti de la bouche du Dieu fait chair, et qui a dit aux rebelles à sa voix, aux ingrats : « qu'ai- » je dû faire pour vous que je n'aie pas fait? » Ne soyez pas du nombre de ces ingrats sans excuses, ô vous tous qui lisez ce que je viens d'écrire! Qu'est-ce que cette vie qui, selon le Prophète Osée, « se dissipe comme une nuée du matin, comme la » rosée de la nuit, comme la fumée du foyer? » Soupirez après celle que le Christ nous a méritée et travaillez à l'obtenir (XXII *Sec. Part.*).

DEUXIÈME PARTIE.

ÉTABLISSEMENT
TOUT DIVIN
DU CHRISTIANISME.

DEUXIÈME PARTIE.

ARGUMENT.

Discussion des faits, exposition des Prophéties qui les annoncent, le tout en forme de Notes.

Nécessité de la révélation prouvée contre les Rationalistes, et sa certitude prouvée par l'authenticité des Livres saints.

Dans la seconde partie de cet écrit, consacré en entier à la discussion des faits et à l'exposition des prophéties qui les prédisent, je ne parle que peu de l'*Éclectisme* (*), parce que c'est un système de philosophie mitoyen entre le *sensualisme* qui, accordant tout aux sens, conduit au *matérialisme*, et la *révélation* si nécessaire à l'homme pour le fixer dans ses irrésolutions, ses incertitudes. Le philosophe éclectique ne rejette pas absolument la révélation comme le rationaliste pur ; mais, n'ad-

(*) Mot dérivé du Grec et signifiant *choix*.

mettant arbitrairement de la révélation que ce qu'il juge convenir à son système qui n'est au fond qu'une théorie sans point d'appui et dépourvue de toute autorité, et chez un grand nombre d'ailleurs un spinosisme ou panthéisme grossier qu'on ne cherche pas même à déguiser, il accorde trop à la raison individuelle. Or il est prouvé, indubitablement prouvé, il est démontré par une multitude de faits irrécusables que, depuis la chute originelle, la raison humaine est impuissante pour le bien, impuissante pour acquérir la connaissance de soi-même si difficile à obtenir et si importante néanmoins, d'après l'inscription même qui se lisait sur le frontispice du temple de Delphes (*).

En effet, dans toute question philosophique trouverez-vous un chef d'école d'accord avec un autre? chacun a pris une route opposée : preuve évidente que tous se sont égarés. Est-ce donc à l'imagination, faculté de notre âme si féconde en idées fugitives, le plus souvent contradictoires et qui s'effacent par d'autres plus récemment conçues que nous accorderons quelque confiance? Platon est, à mon sens, le philosophe le plus instruit, le plus moral qu'ait produit la gentilité chez les Grecs, Cicéron, chez les Romains. Cependant parmi les excellentes idées sorties du cerveau de ces deux grands hommes, si exercés sur bien des

(*) *Nosce teipsum*, connais-toi toi-même.

questions philosophiques, combien de fausses, combien d'étranges ! ils n'étaient pas sûrs de leur sort à venir, ils l'entrevoyaient, mais le doute venait quelquefois les surprendre. Qui pouvait les redresser, les ramener au droit chemin, dissiper leur incertitude? ils en sentaient le besoin. Platon, *le divin* Platon, reconnaissait la nécessité urgente de l'arrivée d'un envoyé céleste pour éclairer le genre humain, emporté à tout vent de doctrine, flottant dans l'indécision, et ne sachant plus quel parti prendre entre tant d'opinions divergentes sur tout ce qu'il lui importait le plus de connaître. Et, remarquez que si nos philosophes modernes discutent avec plus d'aplomb, si je puis m'exprimer ainsi, sur les mêmes questions agitées par la philophie ancienne, c'est à la révélation qu'ils le doivent sans s'en douter; enfants ingrats, qui méconnaissent les obligations dont ils sont redevables à la mère qui les a engendrés.

L'indispensable nécessité de la révélation prouvée en démontre l'existence. Je vais plus loin : sans supposer la chute de l'homme, cause de l'affaiblissement de sa raison, soupçonnée seulement par les anciens philosophes, je dis que Dieu n'a pu créer l'Homme sans se révéler à lui par la parole, comme nous l'apprend la sainte Écriture, et je crois que c'est de cette première révélation qu'est né le langage primitif, et j'en tire la conséquence naturelle que la parole accordée à l'homme prouve la révélation, prouve Dieu, prouve le Verbe divin. Platon pensait aussi que Dieu était auteur du langage et l'avait communiqué à l'homme, et J.-J. Rousseau lui-même trouve tant de difficultés à la formation d'une première langue, qu'il ne pense pas que l'homme ait pu y réussir sans un secours surnaturel. Rapportons-nous en donc au récit touchant et instructif de la sainte Écriture, qui nous représente le Créateur aidant l'homme, auquel il venait d'accorder la vie et l'intelligence, à nommer les animaux qui se présentent devant lui, le nom étant le premier et le principal élément du langage.

Comment concevoir en effet que l'Être souverainement sage ait créé un être raisonnable et l'ait placé sur la terre sans se communiquer à lui, sans lui faire connaître la cause et les raisons de son existence, comment et pourquoi il l'avait créé, ce qu'il exigeait de lui? Le silence de Dieu envers sa créature, quand elle est intelligente, ferait tort à sa sagesse et la détruirait entièrement; dès-lors je serais fondé à croire que le Dieu qui ne se révèle pas n'existe point, ou du moins, qu'il ne porte aucun intérêt à sa créature, et l'athée, à cet égard, a un grand avantage sur le déiste, comme le chrétien l'a et sur l'un et sur l'autre. La révélation est donc liée avec l'existence de Dieu et celle de l'homme; or, du moment que la révélation est nécessaire, j'en conçois l'existence et ma raison se soumet sans délibération à tout ce qui en porte le caractère irréfragable, bien persuadé qu'une fois qu'il est indubitablement prouvé que Dieu a parlé, le seul parti qu'il y ait à prendre, c'est de s'incliner profondément et d'être fidèle ; *Testimonia tua credibilia facta sunt nimis*.

La nécessité et l'existence de la révélation sont reconnus par le témoignage universel des nations qui toutes se sont accordées à professer une religion qu'elles ont cru révélée : d'où est venu en effet à l'homme cette idée d'un Être supérieur qui exige ses hommages si ce n'est du Ciel même ? quelle est l'origine de ces pratiques aussi anciennes qu'universelles qui constituent le fond de la religion de tous les peuples ? entendez l'Orateur romain, écoutez les plus grands philosophes de l'antiquité, lisez les poètes d'une époque encore plus reculée, consultez les voyageurs tant anciens que modernes : nulle nation, nulle horde, quelque sauvage qu'elle puisse être, qui n'ait quelque connaissance de la divinité ; son culte date de l'origine de l'humanité, les législateurs l'ont trouvé établi, et en ont profité pour faire recevoir leurs lois, se donnant pour les envoyés du Ciel : preuve concluante que nul homme n'a le droit de commander aux autres hommes, de leur dicter des lois, s'il ne l'a reçu d'en haut (*). *La crainte a fait les Dieux*, a dit un

(*) *Vous n'auriez aucun pouvoir sur moi s'il ne vous avait été donné d'en haut*, répondit le Christ à Pilate qui lui demandait

poëte trop célèbre de Rome corrompue et qui mourut frénétique. Mais l'homme aurait-il recours à Dieu dans les dangers, s'il ne devait à l'éducation et aux leçons salutaires qu'il a reçues de ses pères ce sentiment qui devient en lui plus fort que tous les sophismes qui tendent à le détruire, tant il est en rapport et en harmonie avec le cœur de l'homme! Le spectacle même du Ciel serait stérile et une vaine représentation pour celui à qui l'on n'aurait jamais parlé du Créateur. Voyez l'enfant auquel on n'a pas encore nommé Dieu, en a-t-il la moindre idée, avant qu'elle lui ait été communiquée? mais il la saisit avidement quand elle lui est suggérée, parce quelle est comme inhérente à notre nature; ainsi point de distinction, comme on a prétendu l'établir, entre la religion naturelle et la religion révélée. Dieu n'a point abandonné le culte qui lui est si légitimement dû à l'arbitraire de l'homme. Eh! Dieu se serait-il dépouillé d'une de ses prérogatives les plus essentielles, celle de Législateur suprême des intelligences pour l'abandonner à la merci de l'homme, créature imparfaite et changeante, qui n'eut pas manqué de dérober à Dieu ce qui lui est si légitimement dû, ou de dénaturer son culte, en le chargeant de pratiques puériles indignes de sa souveraine majesté, ainsi

s'il ne savait pas qu'il eût le pouvoir de le condamner ou de l'absoudre. — Non est potestas nisi à Deo, dit Saint Paul (Epist. ad Rom. cap. 13).

que l'ont prouvé les folies du paganisme, malgré les anciennes traditions mises en oubli ou défigurées, et conservées chez un seul peuple privilégié par un dessein adorable de la Providence en vue du salut réservé de l'humanité ? S'il en eut été ainsi, le Créateur aurait été méconnu, confondu avec la créature, et l'un et l'autre fussent devenus un problême insoluble à la raison humaine.

Que de bienfaits ne devons-nous donc pas à la révélation et combien de difficultés n'épargne-t-elle pas à notre faible et fragile raison ! L'on peut juger par les opinions étranges, pour ne pas dire monstrueuses que professe l'éclectisme ou le rationalisme de ce qui nous était réservé, si la révélation nous eût manqué. Les erreurs les plus grossières, les plus extravagantes, eussent épouvanté le monde ; et, dans ce débordement d'idées subversives, la société, si elle eut existé, aurait-elle pu subsister ? C'en était fait de l'humanité.

Les anciens éclectiques qui eurent pour chef Potamon, de l'école d'Alexandrie sa ville natale, et qui vivait, d'après Suidas, au siècle d'Auguste, avaient quelque raison de ne s'attacher à aucune secte en particulier, mais de choisir dans chacune ce qui s'y trouvait de moins contestable, faute de moyens de connaître la vérité. Mais aujourd'hui que la vérité s'est manifestée à tout esprit droit, qu'elle brille d'un vif éclat, que son autorité étant infaillible, on ne peut en appeler de ses décisions, il y a présomption, pour ne pas dire folie, de rejeter cette autorité pour se livrer à de nouvelles recherches qui ne doivent aboutir en définitive qu'à l'incertitude, au doute, à l'absence de toute vérité.

Concluons de tous ces arguments que la connaissance de la divinité et le culte qui lui est rendu chez tous les peuples tient à une révélation faite aux premiers hommes, ainsi que nous l'apprennent nos livres saints. Ces livres d'ailleurs n'en ont-ils pas tous les caractères, comme l'annonce le titre qu'ils portent? Les premières parties de cet admirable recueil sont antérieures de plus de mille ans aux premières histoires profanes qui ont quelque authenticité; toutes les parties de ce recueil, écrit par différentes mains et à des époques successives, ont une liaison entr'elles dont tout esprit droit ne peut assez admirer la singularité. Les premières pages annoncent aux hommes un Sauveur, un Législateur que Dieu même promet de leur envoyer. Cette heureuse promesse se trouve sans cesse répétée dans toute la suite du même livre, les caractères auxquels on devra reconnaître ce Sauveur, s'y trouvent exprimés de manière à ce qu'on ne puisse s'y méprendre. Les dernières parties du même recueil nous le font voir conversant parmi les hommes, comme il avait été annoncé et tel qu'il avait été désigné à tant de reprises et si longtemps auparavant, avec toutes les circonstances de sa naissance, de sa vie, de sa prédication, de ses souffrances, de son triomphe sur ses ennemis et sur la mort qu'il en a reçue pour prix de tant de bienfaits. Et, pour qu'on ne puisse douter que cette multitude de prophéties ne soient antérieures aux évènements qu'elles prédisent, Dieu permet que le livre sacré qui les contient soit traduit de l'hébreu en grec par ordre du second des Ptolémée, amateur des sciences, des arts et des lettres, et bibliophile comme l'avait été son père Ptolémée-*Soter*. Cette version a pris le nom de version *des Septante*, des soixante-dix ou soixante-douze Juifs hellénistes qui furent employés à cette traduction; elle répandit la connaissance de nos livres saints partout l'Orient; aussi les Apôtres ne citent-ils que cette traduction, si généralement connue dans le récit qu'ils font des faits évangéliques, dont ils avaient été les témoins.

Une nation est établie non-seulement pour être dépositaire de ces précieuses archives, de ces intéressantes traditions, de ces oracles divins annonçant au monde dans l'attente la venue si désirée, et dont il sentait si bien le besoin, du céleste envoyé, du *Messie*, du libérateur, du Législateur promis, et pour retracer dans les évènements de son histoire les principales circonstances de sa vie, mais encore pour lui donner naissance dans une famille privilégiée désignée d'âge en âge. Cette nation existe depuis l'origine du livre dont elle nous garantit ainsi l'authenticité et se conserve miraculeusement en dépit de tous les évènements qui en ont fait disparaître, dans le courant des âges, tant d'autres beaucoup plus puissantes, et qui ont joué sur la terre un bien plus grand rôle en apparence, au milieu d'un si grand nombre de peuples si longtemps acharnés contre elle, n'ayant pas achevé d'accomplir les destinées auxquelles elle est encore réservée, d'après ces mêmes oracles dont elle se trouve dépositaire, et qu'elle garde, quelle conserve avec un soin religieux; elle a pour le livre qui les contient le même respect que pour la divinité suprême dont elle est persuadée qu'il émane, quoiqu'il soit le monument le moins équivoque de ses chutes multipliées, de ses apostasies, de son opprobre éternel. Ce ne sont pas seulement les Juifs et les Chrétiens qui reconnaissent ce livre pour divin : les Mahométans lui rendent le même témoignage ; et remarquez que ce témoignage contredit pleinement la mission que s'attribue leur faux prophète Mahomet, ce qui fait voir combien ce témoignage est désintéressé. Quelles preuves plus fortes peut-on avoir de l'authenticité d'un écrit? les histoires profanes que personne ne révoque en doute, parce qu'elles n'intéressent pas autant les mœurs, ont elles les mêmes droits à notre confiance, un pareil degré de certitude? La Bible, le livre *par excellence,* renferme des mystères insurmontables à la raison humaine, que l'esprit de l'homme n'eut jamais pu découvrir de lui-même, puisqu'il se plaint de ne pouvoir les comprendre, et dont par conséquent l'auteur ne peut être que Dieu même aussi incompréhensible que tout ce qui émane de lui. Ce livre enfin nous donne une idée de Dieu et de la morale, infiniment au-dessus de tout ce qu'en ont dit ou écrit les plus grands philosophes qui n'ont pas connu la Bible, et depuis que la Bible est généralement connue, il est démontré qu'on n'a bien écrit et bien raisonné sur la morale, qu'autant qu'on s'est pénétré de ce qu'en ont dit les livres saints; et ceux qui n'ont pas craint de s'en écarter en dissertant sur la science des mœurs, n'ont fait que la défigurer aux yeux de la saine raison et de la vraie philosophie.

Qu'aurions-nous besoin maintenant de faire valoir cette noble et touchante simplicité, avec laquelle l'Écriture raconte les faits les plus mémorables sans y mêler aucune réflexion, et qui est un de ses caractères de vérité le plus frappant? Quand on a un vif intérêt pour soi-même à faire croire un fait qui peut paraître douteux, on ne manque pas d'en accompagner le récit de toutes les circonstances propres à convaincre les moins disposés à se laisser persuader, de l'embellir de tous les charmes que l'imagination peut lui prêter pour séduire et l'esprit et le cœur; mais l'Esprit-Saint qui a inspiré l'écrivain sacré, n'ayant en vue que notre propre intérêt, puisque c'est celui de notre propre perfection, de notre propre bonheur, ne veut point nous séduire, il ne veut que nous persuader pour notre propre bien, nous laissant le mérite de faire un retour sur nous-mêmes pour profiter de l'instruction qui nous est donnée.

L'on trouve dans les livres saints des règles de conduite pour toutes les circonstances de la vie, et les devoirs qu'on a à remplir dans la société, en quel état que la Providence vous y ait placé, y sont admirablement tracés, en sorte qu'il n'est pas étonnant que ces livres aient été un sujet de perpétuelle méditation pour tous ceux qui tendaient à la perfection dans les premiers âges du Christianisme. L'empereur Théodose en faisait sa principale lecture. « Lisez les saintes écritures, » — disait la Reine Blanche à son jeune fils qu'elle initiait à la vertu, — « vous y apprendrez le grand art, l'art si difficile » de régner, c'est-à-dire, de gouverner sagement » les peuples confiés à vos soins, et par là vous » acquerrez une gloire immortelle, non une gloire » humaine, gloire vaine, mais celle qui est synonime de la vie éternelle. »

On a eu l'insigne mauvaise foi d'établir un parallèle scandaleux entre nos livres saints et ceux réputés tels chez les anciens Perses, les Indiens et les Chinois. Très-certainement ceux-ci sont de beaucoup postérieurs aux premiers dont ils paraissent être des imitations informes et inexactes. On sait que les dix tribus du royaume d'Israël furent dispersées en Médie et en Perse, lors de leur translation par Salmanasar, roi des Assyriens, et que les Juifs formant le royaume de Juda furent transportés dans la Babylonie et les provinces limitrophes, par Nabuchodonosor roi des Babyloniens. Les Juifs acquirent une certaine influence à la cour de Médie et de Perse, ainsi que le constatent l'histoire de Daniel et celle d'Esther et de Mardochée. La connaissance de leurs dogmes se répandit en Orient et plusieurs savants pensent que Zoroastre qui vivait à l'une de ces époques était Juif, ou du moins avait été instruit par des Juifs. Les Perses conquirent une partie de l'Inde, toujours ouverte au premier occupant, et durent y porter leurs livres sacrés qui s'y modifièrent d'après les idées religieuses particulières à la nation indienne. Le nom de Brahma, l'une de ses divinités subalternes, pourrait bien être un abrégé de celui d'Abraham, père de la nation Juive, dont quelques descendants par Kétura, Ismaël ou Édom, purent aller avec leur colonie peupler quelques régions de l'Inde. On a trouvé les plus grands rapports d'analogie entre les livres sacrés des Indiens et ceux des anciens Perses dont la religion primitive se conserve encore dans quelques parties de l'Inde. On a trouvé des Juifs établis à la Chine, et leur établissement dans ce vaste pays semble dater du commencement du deuxième siècle avant notre ère, ils y sont venus avec un Pentateuque entièrement conforme à l'original hébreu; il est vraisemblable qu'ils étaient Israélites. Quant aux livres réputés sacrés chez les Chinois, dont le premier n'est qu'une suite de figures hiéroglyphiques et le plus vénéré en conséquence, ce ne sont que des compilations historiques, dogmatiques, morales et même licencieuses. Confucius est le premier écrivain chinois qui s'est donné la peine bien inutile, à notre avis, de les débrouiller, d'y mettre quelque ordre, et de donner sur le premier, des explications arbitraires pour la plupart et qui n'en ont pas moins été bien reçues; car ces compilations n'étaient avant lui qu'un amas confus et presque indéchiffrable d'historiettes, de maximes triviales, d'allégories, de sentences philosophiques, de faits extraordinaires ou naturels, etc. etc.; or l'opinion commune place la naissance du philosophe Confucius à l'an 520 avant Jésus-Christ, ce qui le rendrait contemporain du philosophe grec Pythagore; mais les savans sont partagés sur la véritable époque où vivait Confucius et même sur les détails que nous donnent de sa vie les lettrés parmi les Chinois, plusieurs regardant ces détails comme apocryphes et Confucius bien moins ancien qu'on ne le fait communément.

Les ennemis de la révélation, après lui avoir vainement opposé dans leur délire impuissant les fausses dynasties toutes dénuées de faits des Egyptiens, des Chaldéens ou Babyloniens et des Chinois orgueilleusement infatués de leur prétendue antiquité sans pouvoir la prouver, ont cherché jusque dans les entrailles de la terre et au sein des mers de nouvelles objections contre les textes sacrés, et la science géologique s'est formée, développée, perfectionnée, pour confirmer pleinement les assertions de l'écrivain sacré, puisées dans l'infaillibilité divine.

Ce qui a le droit de nous surprendre étrangement, c'est de voir quelques-uns de nos philosophes modernes les plus accrédités, nier la révélation et en reconnaître la nécessité, vu la faiblesse et l'insuffisance de la raison pour éclairer l'homme sur ses devoirs.

« La raison, dit Bayle, est un principe de des-
» truction et non d'édification, elle n'est propre
» qu'à former des doutes et à se tourner à droite et
» à gauche pour éterniser une dispute, à faire
» connaître à l'homme ses ténèbres, son impuis-
» sance et la nécessité d'une révélation. »

« J'ai consulté les philosophes, dit J.-J. Rous-
» seau dans son Emile, j'ai feuilleté leurs livres,
» j'ai examiné leurs diverses opinions : je les
» trouve tous fiers, affirmatifs, dogmatiques même
» dans leur scepticisme prétendu, n'ignorant rien,
» ne prouvant rien, se moquant les uns des au-
» tres, et ce point commun m'a paru le seul sur
» lequel ils ont tous raison. Triomphants quand ils
» attaquent, ils sont sans vigueur en se défendant.
» Si vous pesez leur raison, ils n'en ont que pour
» détruire. Si vous comptez les voix, chacun est
» réduit à la sienne. Ils ne s'accordent que pour
» disputer. Les écouter n'était pas le moyen de

» sortir de mon incertitude. J'ai connu que l'insuf-
» fisance de l'esprit humain est la première cause
» de cette prodigieuse diversité de sentiments et
» que l'orgueil est la seconde. »

« On a beau, dit-il ailleurs dans le même ouvrage, vouloir établir la vertu par la raison seule, quelle solide base peut-on lui donner? Philosophes, ces lois morales sont fort belles : mais montrez m'en de grace la sanction. »

Les anciens philosophes, qui n'étaient point éclairés des lumières de la foi et qui n'avaient pas le bonheur de connaître le vrai Dieu, souhaitaient qu'il y eut une révélation, en sentaient la nécessité; et les nouveaux rejettent avec dédain celle dont on ne peut méconnaître le vif éclat : mais en cela ils se trahissent eux-même, car s'ils avaient l'esprit droit et le cœur pur, s'ils étaient humains, compatissants, généreux, comme ils le prétendent, ils recevraient avec empressement et reconnaissance une religion qui condamne jusqu'aux mauvais désirs, qui ordonne expressément l'amour du prochain, et qui promet une récompense éternelle à tous ceux qui auront secouru leurs frères, et qui auront été fidèles à leur Dieu, à leur patrie, aux lois civiles comme aux lois religieuses. On ne peut qu'aimer une religion qui ne prêche que la vertu, le désintéressement, l'abnégation, quand on est homme de bien ou qu'on désire l'être.

Les faits sur lesquels repose la vérité de la révélation sont tirés de mémoires dont l'authenticité est garantie par un peuple entier toujours existant, appuyés en outre d'une tradition qui remonte à l'origine de ce même peuple, gravés enfin en caractères ineffaçables dans ses usages civils et dans ses pratiques religieuses : ils sont donc incontestables.

« Conservez le dépôt de la doctrine *(depositum » custodi)*, — fut-il dit par les Apôtres aux Évêques qu'ils avaient institués, — transmettez-le intact. « Qu'il n'y soit rien changé, *nihil innovetur.* » On ne peut ni y ajouter ni en retrancher : et c'est là ce qui fait notre sûreté, notre garantie. Laissons les ennemis de la révélation se débattre entre eux, se consumer en vagues théories, bâtir, détruire et rebâtir leurs systèmes. Prenons pitié de leurs vains efforts. Pour nous, restons inébranlables, appuyés avec confiance sur l'ancre de la foi qui est l'ancre de salut.

Il y a cette différence entre le Chrétien et le Rationaliste, c'est que celui-ci cherche Dieu sans pouvoir le trouver, selon les paroles prononcées par l'Apôtre saint Paul devant l'Aréopage : *quærere Deum, si fortè attrectent;* au lieu que l'autre, *depuis le plus petit, jusqu'au plus grand*, selon l'expression du même saint Paul, sait de Dieu tout ce qu'il lui importe d'en savoir.

I.

Quel était l'état de l'homme et surtout celui de la femme avant le Christianisme; quel est-il depuis.

La première femme ajoutant foi aux paroles artificieuses du tentateur qui lui avait dit : *vous serez comme des Dieux*, s'était dégradée par une orgueilleuse présomption. Elle était devenue, en punition, de son infidélité, l'esclave de l'homme livré lui-même à toutes les convoitises à cause de sa faible condescendance. (*) Notre première Mère avait été une marâtre pour sa postérité. La Mère du nouveau peuple, humble servante du Seigneur, fidèle à sa destination et réunissant la virginité à la maternité, les deux plus belles qualités, les deux plus beaux titres de la femme à nos hommages, a rendu à son sexe tout ce que la plaie du péché lui avait fait perdre. Qui ne serait frappé de cette admirable économie ! O vous, esprits élevés, natures d'élite, qui recherchez le beau idéal, ne le trouvez-vous pas dans ces hauts enseignements que nous

(*) Qui ne sait que la femme est esclave de l'homme, partout où le Christianisme n'a pas pénétré ? Elle est vendue comme une vile marchandise chez tous les peuples de l'Orient; et les sauvages dans l'un et l'autre hémisphère s'en servent comme de bêtes de somme pour porter leurs fardeaux (Voyez à cet égard les récits de tous les voyageurs). A quels égarements, à quelle dissolution s'est porté l'homme ! l'histoire en fait foi. Que devient-il même aujourd'hui, quand il n'est plus guidé par les principes religieux ?

présente le Christianisme dès son début? Je les livre à vos profondes méditations. Que des natures vulgaires, que des esprits superficiels ne s'en préoccupent point : nous sommes loin d'en être surpris. *Peu de science éloigne de la vraie religion*, a dit un savant moderne, *beaucoup de science y ramène*. Les simples à qui Dieu se révèle sont bien préférables à ces demi-savants, bouffis d'arrogance, qui ne méritent pas d'être éclairés de *cette lumière véritable, qui éclaire tout homme venant en ce monde*, pourvu qu'il n'oppose pas à ses vives impressions de mauvaises dispositions. Or, quelle plus mauvaise disposition que l'orgueil, cause de la prévarication de nos premiers parents, qui n'a pu être expiée que par les profonds abaissements, les douloureuses humiliations et la mort ignominieuse de l'Homme-Dieu!

II.

Il paraît que Marie, par un effet de sa profonde humilité, avait laissé ignorer à Joseph la visite du messager céleste, laissant à Dieu le soin d'éclairer son fiancé et de le rassurer sur la vertu de celle qu'il avait choisie pour compagne, et dont il connaissait d'ailleurs le mérite éminent. Marie, fille d'Anne et de Joachim, était alors dans sa seizième année, selon l'opinion commune. Elle avait passé ses premières années dans le temple, s'y étant consacrée à Dieu et y ayant fait vœu de virginité.

III.

On trouve dans les divins oracles, consignés dans les Livres saints, « qu'il y aurait une nuit, connue du » Seigneur, qui serait plus claire que le plus beau » jour; — et ces paroles prophétiques qui ont évidemment trait à ce miraculeux évènement : — « quand la nuit se trouvait au milieu de sa course, » votre parole, ô Seigneur, votre verbe est descendu sur cette terre de perdition. Quand les » temps seront accomplis, vous vous manifesterez, » Seigneur, vous paraîtrez entre deux animaux. » Cette révélation jette le Prophète dans un étonnement qui tient de la stupeur.

Cette naissance du Sauveur, qui doit être le plus grand sujet d'allégresse pour les maisons d'Israël et de Jacob, est encore prédite par ces paroles du Prophète Isaïe : « Il nous est né un petit enfant » qui sera appelé l'Admirable, le Conseiller, le » Dieu fort, le Père du siècle futur, le Prince de » la paix. Il s'asseoira sur le trône de David et s'y » maintiendra à jamais. » (chap. 9.)

Dans la première partie du Psaume 131, David prie le Seigneur de vouloir bien se rappeler le zèle qu'il a mis à son service, son empressement à chercher un lieu convenable et digne de recevoir l'arche d'alliance, siége de sa Sainte Majesté, et qu'il daigne en considération de son serviteur ne pas révoquer la manifestation de son Christ.

La seconde partie du même Psaume, exprime la certitude de l'accomplissement des promesses faites à David, savoir que de sa race sortirait un rejeton qui occuperait son siége dans Sion, demeure éternelle du Souverain Être, qu'il s'était choisie, ce qu'il attestait avec serment, et que c'est là qu'il ferait éclater la force, la lumineuse vertu, la sainteté de son Christ, dont il couvrirait tous les ennemis de confusion comme d'un vêtement.

« Une tige et une fleur sortiront de Jessé : l'es-
» prit du Seigneur se reposera sur ce rejeton, l'es-
» prit de sagesse et d'intelligence, l'esprit de con-
» seil et de force, l'esprit de science et de piété.
« Il ne se laissera pas circonvenir, et ses jugements
» seront justes et équitables. Ses œuvres ruineront
» l'impiété sur la terre qu'il remplira de la crainte
» du Seigneur. » (Isaïe, Chap. 11.)

IV.

Ces présents consistaient en de l'or, de l'encens et de la myrrhe. L'or désignait le Roi, l'encens le Dieu, la myrrhe l'Homme. Ce fait de l'adoration des Rois mages et des présents dont il furent porteurs est également consigné dans les Prophètes, qui annoncent l'arrivée en Judée des Rois des Arabes et de Saba, venant offrir, avec leurs dons, l'hommage de l'adoration au Messie, ce qui fait dire au Prophète Isaïe (Chap. 60) : « que la lumière et » la gloire du Seigneur s'est levée sur Jérusalem, » pendant que tous les peuples sont encore plon- » gés dans d'épaisses ténèbres et dans un brouillard » épais ; mais que les nations et leurs rois, mar- » cheront à la vive clarté de cette lumière dont Jéru- » salem sera éclairée, et qu'elle n'aura qu'à lever les » yeux pour voir la multitude de ceux qui accour- » ront, avec empressement, de toutes parts, dans » son sein, pour grossir le nombre de ses fils et » de ses filles, ce qui sera pour elle le sujet de la » plus vive allégresse et de la plus grande admira- » tion. Son cœur en sera dilaté, et elle ne pourra » contenir ses transports de joie à la vue de cette » multitude de chameaux et de dromadaires, ve- » nus des bords de la mer, de Madian, d'Épha, de » Saba, dont elle sera remplie et comme inondée. »

V.

Voici les paroles de cette prophétie: « On a en- » tendu jusque dans *Rama* (*) des cris, des gé-

(*) Ce nom, signifiant *hauteur* dans la langue hébraïque, a été donné à plusieurs lieux élevés dans la Palestine.

» missements, des lamentations, Rachel, se déso-
» lant de la perte de ses fils, et refusant toute
» consolation, parce qu'ils ne sont plus. » (Chap. 31, vers. 15.)

Ce fait (le massacre des Innocents), qu'on a cherché à contester, quoiqu'il soit bien dans les mœurs d'un tyran, dont Auguste avait dit : « qu'il » aurait préféré être son pourceau que l'un de ses » fils ; » ce fait, dis-je, est rapporté par Macrobe, auteur profane. Si les autres évangélistes n'en parlent pas, motif d'objection qu'on a cherché à faire valoir, c'est qu'ils passent souvent sous silence plusieurs faits évangéliques, comme ayant été racontés déjà par saint Matthieu, le premier en date.

VI.

Ces guérisons miraculeuses avaient été prédites par Isaïe, comme devant être les œuvres du Messie. « Les lieux déserts et solitaires de la terre
» d'Israël, tressailleront de joie et d'allégresse et
» produiront les plus belles fleurs semblables aux
» lis. Le Liban, le Carmel, la contrée de Saron
» (de la tribu d'Éphraïm), brilleront du plus vif éclat
» à l'aspect de la gloire du Seigneur et de la
» splendeur de notre Dieu. Dites aux faibles de
» ne plus désespérer, de prendre au contraire cou-
» rage. Voici votre Dieu qui vient prendre votre

» défense et vous dédommager amplement de ce » que vous avez souffert, car Dieu lui-même » viendra et vous sauvera. Alors les yeux des » aveugles verront le jour, et les oreilles des sourds » seront ouvertes; le boiteux bondira comme le » cerf, et la langue des muets sera déliée. Plus » de voie tortueuse où l'on puisse s'égarer; plus » de sentier fangeux où l'on puisse se souiller; » plus de bête carnassière qui puisse vous dé- » vorer; plus de douleur et de gémissement. Une » joie éternelle sera le partage de ceux que le » Seigneur aura rachetés, et qui viendront dans » Sion faire éclater leurs transports d'allégresse et » de reconnaissance. » (Isaïe, Chap. 35.)

Notre Sauveur se plaisait dans la solitude et aimait à parcourir les déserts de la Palestine. Ce fut en ces lieux, peu fréquentés d'ordinaire, que par la multiplication miraculeuse de sept pains et de quelques poissons, il nourrit un jour une grande multitude qui l'avait suivi dans la solitude.

VII.

Incrédulité et endurcissement des Juifs prédits,

« Le cœur de ce peuple s'est endurci; ils ont » fait la sourde oreille, ils ont fermé les yeux de » peur de voir et d'entendre, de comprendre et » de se convertir, et de crainte que je les gué- » risse. » (Isaïe, Chap. 6, vers. 10.)

« Allez, et dites à ce peuple, m'a dit le Sei-
» gneur : écoutez ce que je vous dis et ne le com-
» prenez pas; voyez ce que je vous fais voir et ne
» le discernez point; aveuglez le cœur de ce peu-
» ple, rendez ses oreilles sourdes et fermez-lui
» les yeux de peur que ses yeux ne voient, que ses
» oreilles n'entendent, que son cœur ne com-
» prenne, et qu'il ne se convertisse à moi et que
» je ne le guérisse..... Rendez gloire à la sainteté
» du Seigneur des armées, qu'il soit lui-même
» votre crainte et votre terreur, et il deviendra
» votre sanctification; mais il sera une pierre d'a-
» choppement, une pierre de scandale pour les
» deux maisons d'Israël, un piége et un sujet de
» ruine aux habitants de Jérusalem. Plusieurs
» d'entr'eux se heurteront contre cette pierre, ils
» tomberont et se briseront; ils s'engageront dans
» le filet et y seront pris. » (Isaïe, chap. 8.)

« Écoutez, sourds; aveugles, ouvrez les yeux et
» voyez. — Qui est l'aveugle si ce n'est Israël, mon
» serviteur? Qui est le sourd si ce n'est celui à qui
» j'ai envoyé mes Prophètes? — Vous qui voyez
» tant de choses, ne les observez-vous point?
» Vous qui avez les oreilles ouvertes, n'entendez-
» vous point? — Le Seigneur a fait choix de son
» peuple pour le sanctifier, pour rendre sa loi cé-
» lèbre et pour en relever la grandeur. — Cepen-
» dant mon peuple est ruiné, pillé, pris dans les
» filets, renfermés dans les prisons, emmené

» captif sans que personne soit venu le délivrer. —
» Qui est celui d'entre vous qui écoute ce que je
» dis, qui s'y rende attentif, qui croie les choses
» futures? — Qui a livré Jacob à la destruction
» et Israël à la dévastation? N'est-ce pas le Sei-
» gneur même que nous avons offensé en refusant
» de marcher dans ses voies et d'obéir à sa loi? —
» C'est pourquoi il a répandu sur ce peuple pré-
» varicateur son indignation et sa fureur; il lui a
» déclaré une forte guerre; il a allumé un feu au-
» tour de lui *sans qu'il le sût;* il l'a brûlé dans
» ses flammes, *sans qu'il le comprît.* » (Isaïe,
chap. 42, vers 18, jusqu'à 25.)

« J'ai étendu mes mains pendant tout le jour
» vers un peuple incrédule, qui marche dans une
» mauvaise voie, en suivant ses pensées. — Ils
» deviendront comme une fumée au jour de ma
» fureur, comme un feu qui brûle toujours. —
» Leur péché est écrit devant mes yeux, je leur
» rendrai, je verserai dans leur sein ce qu'ils mé-
» ritent. — Je punirai vos iniquités, — dit le
» Seigneur, — et tout ensemble les iniquités de
» vos pères..... et en vous punissant, je verserai
» dans votre sein une peine proportionnée à leurs
» anciens dérèglements. — Comme lorsqu'on
» trouve un beau grain dans une grappe, on dit :
» ne le gâtez pas parce qu'il a été béni de Dieu;
» ainsi je ferai sortir de Jacob une postérité
» fidèle. — Mais pour vous, qui avez abandonné

» le Seigneur,..... je vous ferai passer au fil de
» l'épée, parce que j'ai appelé et vous n'avez point
» répondu, j'ai parlé et vous n'avez point écouté,
» vous avez voulu tout ce que je ne voulais
» point. — C'est pourquoi voici ce que dit le Sei-
» gneur : mes serviteurs mangeront et vous souf-
» frirez la faim : mes serviteurs boiront et vous
» souffrirez la soif. — Mes serviteurs se réjouiront,
» et vous serez couverts de confusion : mes ser-
» viteurs feront éclater des cantiques de louanges
» dans le ravissement de leur cœur, et vous ferez
» éclater des cris déchirants dans l'amertume de
» votre cœur. — Votre nom sera pour mes élus
» un nom d'imprécation, il donnera à ses servi-
» teurs un autre nom, nom de bénédiction. Celui
» qui le portera sur la terre sera béni du Dieu de
» vérité, parce que je vais renouveler toutes cho-
» ses, et effacer toutes les choses anciennes. »
(Isaïe, chap. 65, vers 2, 5, 6, 7, 8, 9, 11, jusqu'à 17.)

« Le Seigneur va répandre sur vous un esprit
» d'assoupissement et il vous fermera les yeux. —
» Toutes les visions des vrais Prophètes vous se-
» ront comme les paroles d'un livre fermé avec
» des sceaux, qu'on donnera à un homme qui sait
» lire, en lui disant : lisez ce livre, et il répondra
» je ne le puis, parce qu'il est fermé. — Le Sei-
» gneur a dit : parce que ce peuple ne s'approche
» de moi que de bouche et ne me glorifie que des

» lèvres; son cœur étant éloigné de moi, et le » culte qu'il me rend n'étant fondé que sur des » maximes et des ordonnances purement humai- » nes, je ferai une merveille dans ce peuple, un » prodige étrange qui surprendra tout le monde : » car la sagesse des sages périra, et l'intelligence » des prudents sera obscurcie. » (Isaïe, chap. 29, vers 10, 11, 13 et 14.)

« Je vais donner mes ordres pour que la maison » d'Israël soit secouée parmi toutes les nations de » la terre, comme on secoue le froment dans un » crible. » (Amos, chap. 9, vers 9.)

« Quand votre peuple, ô Israël, serait aussi mul- » tiplié, que sont les sables de la mer, il n'y en » aura qu'un *très-petit nombre* qui se convertira à » Dieu, car le Seigneur, le Dieu des armées fera » un grand retranchement parmi ce peuple. Le » reste qui se sera converti au Dieu fort et qui, » réduit à un petit nombre, se sera sauvé, s'ap- » puiera sincèrement sur le Seigneur, le Saint » d'Israël dont la justice se répandra comme une » inondation d'eau sur ce *petit nombre*. » (*Idem*, chap. 10.)

La substitution des Gentils à la nation Juive est aussi clairement annoncée dans les divines Écritures.

« Ils ont voulu en quelque sorte me piquer de » jalousie en adressant leurs vœux et leurs hom- » mages à de fausses divinités; ils m'ont irrité par » leurs vanités sacriléges, et moi, je les piquerai

» aussi de jalousie, en aimant ceux qui n'étaient
» point mon peuple, et je les irriterai en substi-
» tuant à leur place une nation folle. » (Deutéronome, chap. 32, vers. 21.)

« Réjouissez-vous, stérile, qui n'enfantiez point;
» chantez des cantiques de louanges et poussez des
» cris de joie, vous qui n'aviez point d'enfants,
» parce que celle qui était délaissée est mainte-
» nant mère de plus d'enfants que celle qui avait
» un mari, dit le Seigneur. » (Isaïe, chap. 54, vers. 1.)

» Il ne vous restera plus aucun sujet de honte
» et vous oublierez la confusion de votre jeu-
» nesse ; vous perdrez le souvenir de l'opprobre de
» votre veuvage, parce que le Seigneur vous a
» rappelée à lui, après vous avoir répudiée dès vo-
» tre jeunesse. Celui qui vous a créée a jeté sur
» vous un regard de miséricorde, après avoir dé-
» tourné son regard de vous, pour un peu de
» temps. C'est le Seigneur des armées, et le Saint
» d'Israël qui vous rachettera sera le Dieu de toute
» la terre.

« Mon affection n'est point pour vous, dit le
» Seigneur des armées, et je ne recevrai point de
» présents de votre main, car depuis le soleil le-
» vant jusqu'au soleil couchant, mon nom est grand
» parmi les nations, et l'on me sacrifie en tout
» lieu, et l'on offre à mon nom une oblation toute
» pure, parce que mon nom est grand parmi les

» nations, dit le Seigneur des armées. » (Malachie, chap. 1, vers. 10 et 11.)

« Toutes les nations, quelles qu'elles soient, que » vous avez créées, viendront se prosterner devant » vous, Seigneur, et vous adorer, et elles ren- » dront gloire à votre nom, parce que vous êtes » vraiment grand, que vous faites des prodiges et » que vous seul êtes Dieu. » (Psaume 85, vers. 9 et 10.)

« Le jour du Seigneur des armées va éclater, » en ce jour-là l'homme rejettera loin de lui ses » idoles d'argent et ses statues d'or, les images des » taupes et des chauves-souris qu'il s'était faites » pour les adorer ; — le Seigneur seul paraîtra » grand en ce jour-là, et les idoles seront toutes » réduites en poudre. » (Isaïe, chap. 2.)

« Ceux qui ne se mettaient point en peine de me » connaître sont venus vers moi, et ceux qui ne » me cherchaient point m'ont trouvé. J'ai dit à une » nation qui n'invoquait point mon nom : me voici, » me voici. » (*Idem*, chap. 65, vers. 1.)

Les Juifs infidèles et aveugles, alléguant l'immutabilité du souverain Être, s'obstinent à ne reconnaître d'autre alliance que celle que Dieu fit primordialement avec leurs pères, et cependant ils lisent tous les jours dans leurs synagogues ces paroles du prophète Jérémie :

« Les jours viennent, dit le Seigneur, que je » traiterai une nouvelle alliance avec la maison

» d'Israël et avec la maison de Juda, *non selon*
» *l'alliance que je fis avec leurs pères au jour que*
» *je les pris par la main pour les faire sortir de*
» *l'Egypte,* parce qu'ils ont violé cette alliance,
» c'est pourquoi je leur ai fait sentir mon pouvoir,
» dit le Seigneur : mais voici l'alliance que je ferai
» avec la maison d'Israël, après que ce temps-là
» sera venu, dit le Seigneur, j'imprimerai ma loi
» dans leurs entrailles, et je l'écrirai dans leur
» cœur, et je serai leur Dieu, et ils seront mon
» peuple. » (Chap. 31, vers. 31, 32 et 33.)

Celle-ci du prophète Isaïe :

« Écoutez-moi et prêtez l'oreille, votre âme
» trouvera la vie; je ferai avec vous une alliance
» éternelle pour rendre stable la miséricorde que
» j'ai promise à David, je vais le donner pour té-
» moin aux peuples, pour maître et pour chef aux
» Gentils. Vous appellerez une nation qui vous était
» inconnue, et les peuples qui ne vous connais-
» saient point accourront en foule à vous à cause
» du Seigneur votre Dieu et du Saint d'Israël qui
» vous aura rempli de sa gloire. » (Chap. 55.)

VIII.

Sur la divinité de N. S. J.-C. invinciblement prouvée.

Les Docteurs de la loi et les Pharisiens ne pouvaient se méprendre sur le sens des paroles du Sauveur quand il disait : *Mon Père et moi ne fai-*

sons qu'un; qui me voit, voit mon Père ; et quand, répondant aux Juifs qui lui disaient de ne plus les tenir en suspens et de déclarer ouvertement qui il était, il leur témoignait *qu'il était le principe dont tout émane;* et quand, au sujet du temple, où il se trouvait avec eux, et pour lequel les Juifs témoignaient tant de respect, il leur protestait qu'il y avait dans ce lieu saint quelqu'un bien au-dessus de ce lieu ; et quand, au sujet du reproche qu'ils lui faisaient de se prétendre au-dessus d'Abraham, et de dire que ce Patriarche s'était estimé infiniment heureux d'avoir obtenu l'insigne faveur de voir le jour de sa manifestation, il avait répondu qu'il était avant Abraham.

Je suis la voie, la vérité et la vie, avait encore dit Jésus-Christ à ses disciples et aux autres Juifs, *la voie qu'il faut suivre, la vérité qu'il faut croire, la vie qu'il faut mériter. Personne ne peut venir à mon Père que par moi.* Un pareil langage ne peut convenir qu'à Dieu; quel est l'homme, à l'exception de l'Homme-Dieu, qui ait pu dire : *Quel est celui d'entre vous qui pourra me convaincre d'un seul péché ?*

Jésus possède la prescience divine, car il avait vu et connu Nathanaël avant que celui-ci, appelé et conduit par Philippe, se présentât pour la première fois devant lui, ce qui détermina ce nouveau disciple, surpris de s'entendre si bien désigné par Jésus, à le reconnaître pour le Messie, quoiqu'il le crut encore, comme tant d'autres Juifs, natif de Nazareth.

Jésus répond souvent non aux questions qu'on lui adresse, mais aux pensées qu'ont dans le cœur ses interlocuteurs, ce qui fait trouver quelquefois le sens de ses réponses extraordinaire; preuve irréfragable de la véracité des évangélistes qui ne cherchent pas à accommoder leurs récits de manière à satisfaire pleinement leurs lecteurs, mais conformément à la vérité des faits. « Jésus n'avait » pas besoin, — dit l'évangéliste saint Jean (chap. 2, » vers. 25), — qu'on lui rendît témoignage sur le » compte d'aucun individu, il connaissait par lui- » même les pensées les plus secrètes de chacun. »

Or, que le Messie ou le Christ que les Juifs attendaient et qu'ils attendent encore depuis tant de siècles, dût être Dieu, c'est ce qui est exprimé clairement dans les livres saints que nous tenons d'eux.

« Quel est celui dont *la génération*, au dire du » Psalmiste, *précède la naissance de sa mère et* » *l'aurore,* si ce n'est le Verbe fait chair? (*) — A-t- » on jamais entendu dire qu'il y ait eu génération » sans accouchement, filiation sans enfantement? » qui a vu rien de semblable? La terre produira-t- » elle en un seul jour? Eh bien! moi qui donne la

(*) *Præ utero et ante luciferum genitura tua*, selon le texte hébreu, et remarquez que le Psaume 109 est entièrement relatif au Messie ou au Christ fait chair.

» fécondité, ne serai-je pas fécond? moi de qui
» dépend toute paternité, ne serai-je pas père,
» n'aurai-je pas un fils? — dit le Seigneur votre
» Dieu. » (Isaïe, chap. 66, vers. 8 et 9.)

Un fils est de même nature que son père, or de même que le Messie ou le Christ étant fils de l'homme, est homme, étant fils de Dieu il est aussi Dieu; donc il réunit en sa personne la nature divine et la nature humaine, il est également homme et Dieu, c'est ce que confirment tous les passages de l'écriture qui ont trait à ce sujet.

« Dieu se manifestera aux hommes et viendra
» infailliblement. Dites à ceux qui ont le cœur
» abattu : prenez courage, ne craignez point,
» voilà votre Dieu qui vient vous venger et rendre
» aux hommes ce qu'ils méritent. Dieu viendra lui-
» même et vous sauvera, alors les yeux des aveu-
» gles verront le jour, et les oreilles des sourds
» seront ouvertes; le boiteux bondira comme le
» cerf, et la langue des muets sera déliée. Cher-
» chez le Seigneur pendant qu'on le peut trouver,
» invoquez-le pendant qu'il est proche. Il viendra
» un jour auquel je dirai : moi qui parlais autrefois
» par les prophètes et par des intermédiaires, me
» voici présent, *ecce adsum*. Vous êtes vraiment
» le Dieu caché, le Dieu d'Israël, le Sauveur.
» Eloignez-vous (*par respect*) de cet homme qui
» respire comme les autres hommes, car son nom
» est l'*Éternel*, c'est lui qui est le *Très-Haut*. »

« Le Seigneur à dit à mon Seigneur : asseyez-
» vous à ma droite jusqu'à ce que j'ai réduit vos
» ennemis à vous servir de marchè-pied. » Il y a
évidemment ici deux Seigneurs de même nature, et
le second est le Christ, ainsi que l'ont toujours entendu les Juifs, comme il paraît par la question
que leur adresse Jésus-Christ dans l'évangile, au
sujet de ce premier verset du Psaume 109.

« Les Rois et les Princes de la terre se sont li-
» gués contre le Seigneur et contre son Christ, ils
» ont dit follement : rompons les liens qui nous at-
» tachent à eux, secouons leur joug. Le Seigneur
» qui habite dans le Ciel se rira de leurs vains com-
» plots et saura les anéantir. Il m'a établi Roi sur
» la montagne sainte, celle de Sion, pour publier
» ses préceptes, vous êtes mon fils, m'a-t-il dit,
» je vous ai engendré *aujourd'hui* (il n'y a ni passé
ni futur dans l'éternité, c'est toujours *aujourd'hui*)
» je vous donnerai les nations pour héritage, je
» vous rendrai possesseur de la terre jusqu'à ses
» dernières limites. Vous y établirez votre empire
» absolu ; et vous Rois et vous tous qui exercez le
» pouvoir de juger sur la terre, soumettez-vous à
» ses lois, embrassez sa discipline, si vous ne
» voulez périr en vous écartant de ses voies qui
» sont celles de la justice. » (Psaume 2.)

« Si vous faites la recherche de mes iniquités,
» ô Seigneur, qui pourra soutenir cette investiga-
» tion ? mais vous êtes clément et miséricordieux,

» vous nous serez propice, mon âme a confiance » dans le Verbe de Dieu, mon âme a confiance » dans le Seigneur qui doit lui-même racheter Is- » raël de toutes ses iniquités. » (Psaume 129.)

Les Juifs étaient si persuadés de la divinité du Christ, que Jésus leur ayant dit, à l'occasion du genre de mort qu'ils lui feraient subir, que « lors- » qu'il serait élevé de terre, il attirerait tout à » lui ; » — ils lui répondirent : « ne savons-nous » pas que le Christ demeure éternellement, » ayant sans doute en vue le verset 89 du Psaume 118 qui exprime la durée éternelle du Verbe de Dieu dans le Ciel, « et comment vous, qui vous dites le » Christ, pouvez-vous nous parler de votre mort ? » Croyant le confondre par cette réponse qui prouve néanmoins quelle était alors leur croyance sur le Christ ou le Messie qu'ils attendaient. Les Juifs auraient trouvé la réponse à la question qu'ils adressaient à notre Sauveur en cette circonstance dans la fameuse prophétie de Daniel que nous avons rapportée dans un autre ouvrage ; nous allons la reproduire. Elle précise admirablement l'époque de la mort du Christ ou du Messie, suivie presque immédiatement de la prise et de la destruction de la ville de Jérusalem et de son temple.

Le Prophète Daniel, soupirant après le retour de son peuple de la captivité de Babylone dont la durée avait été fixée à soixante-dix ans, d'après la révélation faite au Prophète Jérémie, terme prochain, les mains jointes et les regards tournés vers Jérusalem et son temple en ruine, invoquait l'Éternel vers la fin de la journée, quand il reçut d'un messager céleste (l'Ange Gabriel), de la part du souverain Être, l'assurance qu'à partir de l'ordre donné pour le rétablissement des murs de Jérusalem, il s'écoulerait soixante-dix semaines d'années (490 ans), après lesquelles le sacerdoce judaïque ferait place à un autre sacerdoce plus parfait; l'ancienne alliance, bornée à un seul peuple, à une nouvelle plus étendue; le sacrifice figuratif, à un sacrifice en réalité. Voici quels sont les termes de cette prophétie dont nous donnons ici d'autant mieux l'exposé que notre Seigneur Jésus-Christ se l'applique en témoignage de la validité de sa mission. Voici ce qui fut dit à Daniel par l'envoyé céleste :

« Dieu a déterminé le temps de soixante-dix » semaines d'années sur votre peuple et sur votre » ville sainte, afin que les prévarications soient » abolies, que le péché trouve sa fin, que l'iniquité » soit expiée, que la justice éternelle vienne sur » la terre, que les visions et les prophéties aient » leur accomplissement, et que le Saint des Saints » reçoive l'onction. Sachez donc et comprenez que » depuis l'ordre qui sera donné de rebâtir Jérusalem, jusqu'à ce que le Christ exerce son pouvoir, » il y aura sept semaines (49 ans), et 62 semaines » (434 ans). On rebâtira l'intérieur et les murailles

» de la ville dans le plus court de ces deux temps.
» Viendront ensuite les soixante-deux semaines
» après lesquelles le Christ sera mis à mort, et le
» peuple qui l'aura méconnu ne sera plus son peu-
» ple, et l'armée d'un chef, qui doit venir, détruira
» la ville et le sanctuaire. Cette ruine sera accom-
» pagnée d'un déluge de maux, et une entière
» désolation suivra cette guerre. Une semaine qui
» sera la dernière des soixante-dix, consommera
» l'alliance à laquelle *plusieurs* auront part, et dans
» une moitié de cette semaine, l'hostie et le sacri-
» fice prendront fin et l'abomination et la désola-
» tion seront dans le temple et persévèreront
» jusqu'à la fin. » Telles sont les paroles de la prophétie.

Or ce fut à la sollicitation d'Esther et de Mardochée que l'ordre de rebâtir les murs de Jérusalem fut donné par le Roi de Perse Artaxerxe *Longue-main* la septième année de son règne. C'est donc à l'époque de cet édit, qui fut renouvelé la vingtième année du règne d'Artaxerxe et confirmé de nouveau la trente-deuxième année du même règne, qu'il faut faire remonter le commencement des soixante-dix semaines et en rapporter la fin à la dix-neuvième année du règne de l'Empereur Tibère, que fut crucifié le Sauveur.

Depuis l'édit de Cyrus jusqu'à celui d'Artaxerxe, les Juifs n'avaient jamais été autorisés qu'à revenir en Palestine, y rétablir leurs habitations et rebâtir le temple. Il n'avait jamais été question ni de l'enceinte, ni des portes, ni des fortifications de la ville de Jérusalem. Ce fut par les soins d'Esdras et de Néhémie, sous la protection d'Artaxerxe, que s'effectua l'entier rétablissement de la république de Juda, dont l'état jusqu'alors n'avait été que précaire, les permissions données aux Juifs depuis Cyrus jusqu'à Artaxerxe ayant été d'ailleurs constamment troublées et comme éludées par les oppositions, les tracasseries presque incessantes des peuples voisins avec lesquels ils se trouvaient mêlés et confondus et en mésintelligence. Les règlements établis par Esdras et Néhémie, et surtout l'entière séparation des familles juives d'avec celles des nations schismatiques ou idolâtres achevèrent de reconstituer le peuple Juif.

La prophétie de Daniel a reçu son parfait accomplissement : rien n'y a manqué, ni les temps ni les évènements. Les sacrifices figuratifs sont abolis pour faire place au seul réel et véritable. Le temple où les premiers se célébraient a été réduit en cendres, et le peuple déicide, expulsé de sa terre natale, a été dispersé sur toute la surface de la terre, pour servir d'exemple aux nations avec lesquelles il se trouve mêlé sans se confondre, et être pour elles un monument éternel de la justice divine et de l'accomplissement des promesses faites au genre humain, dont il reste toujours le dépositaire.

Ce qui achève d'expliquer et de mettre au grand

jour la prophétie de Daniel, c'est que ce prophète dans une autre vision de nuit voit *le Fils de l'homme* s'approcher de *l'Ancien des jours* et en recevoir la puissance, l'honneur, l'empire sur tous les peuples, toutes les tribus, toutes les langues appelées à le servir, sa puissance étant une puissance éternelle, qui ne lui sera point ôtée et n'aura jamais de fin : ce royaume éternel succédant aux quatre grandes monarchies qui, bien caractérisées, ont passé en revue devant Daniel dans ses visions, celle des Chaldéens ou Babyloniens, celle des Mèdes ou des Perses, celle des Grecs et enfin celle des Romains, renversées successivement l'une par l'autre et la dernière faisant place à celle établie par le Messie dont la royauté, quoique toute spirituelle ou morale, ne laisse pas néanmoins d'influer sur l'autorité civile en lui inspirant l'équité et la justice, vertus sans lesquelles nulle autorité n'est durable.

Nous nous sommes étendus sur la prophétie de Daniel, parce que les conséquences qui en résultent sont incontestables, et que Porphyre, tout prévenu qu'il était contre le christianisme, n'a su qu'y répondre. Les objections de Porphyre et de Celse son précurseur ont été solidement réfutées par les Pères, ce qui n'a pas empêché Julien l'apostat, Voltaire son imitateur et les autres philosophistes modernes ses copistes de les renouveler. Au reste les écrits de Celse et de Porphyre contre le christianisme ayant été brûlés par ordre des Empereurs orthodoxes (le grand Théodose surtout), l'on ne connaît leurs objections que par les réfutations qu'en ont faites les Pères qui ne redoutaient pas leur publicité. Ils savaient par expérience que le christianisme n'avait besoin que d'un examen attentif et impartial pour être adopté par les esprits bien faits, de bonne foi et de bonne mœurs, la vérité n'ayant jamais fui la lumière, selon les paroles de notre divin Maître.

Le prophète Baruch (chap. 3) après avoir parlé de la sagesse qui émane de Dieu et que Dieu communique à ses serviteurs, ajoute ces paroles remarquables : « il s'est montré sur la terre et a con-» versé avec les hommes. » Il est évident que le prophète parle là de la sagesse increée qui ne fait qu'un avec Dieu, qui est Dieu, qui s'est fait *chair* pour paraître sur la terre et converser avec les hommes.

« Faites éclater votre joie et entonnez des can-» tiques de louanges, fille de Sion, voici que je » viens et j'habiterai au milieu de vous, dit le » Seigneur. » (Isaïe.)

L'incarnation du Verbe, de la sagesse incréée, bien loin de répugner à la raison y est conforme. En effet si l'homme dans l'état d'imperfection où la mis le péché, ne peut arriver à Dieu que par un médiateur, il est nécessaire que ce médiateur, ou moyen terme entre Dieu et l'homme, soit en rapport ou en proportion avec Dieu et avec l'homme, moyen proportionnel entre Dieu et l'homme, en sorte qu'on puisse dire : Dieu est au Médiateur comme le Médiateur est à l'homme. Or dans toute proportion le produit des extrêmes est égal au produit des moyens. Donc le Médiateur sera Dieu-Homme ou Homme-Dieu. C'est une conséquence mathématique déduite par M. de Bonald.

Qu'y a-t-il qui puisse répugner à la raison, que Dieu, indépendamment de la *Souveraine* satisfaction qu'il était juste qu'il exigeât de l'homme coupable, prévaricateur envers sa *souveraine* majesté, ait voulu, en le réhabilitant, lui donner un modèle parfait à suivre et à imiter pour le perfectionner de plus en plus, ainsi que l'attestent toutes les pages de l'évangile et la doctrine de l'Apôtre saint Paul, qui, vase d'élection, a, par une faveur toute particulière, si bien compris et développé l'esprit du Christianisme, loi de grace et d'amour, dont l'ancienne, si incomplète, n'était que la figure? *Nihil ad perfectum adduxit lex. Christum filium suum verorum exemplar dedit nobis Deus. — Soyez saint parce que je suis saint :* tel est le progrès que le Christianisme prescrit à l'humanité, sans lui défendre celui dans les arts et les sciences, pourvu qu'il ne lui inspire pas l'orgueil, le pire de tous les vices.

Nous ne laisserons pas un sujet aussi important sans faire observer que les Juifs, lorsqu'ils entendaient dire à Jésus *qu'il fallait tout quitter pour le suivre*, ne pouvaient se dissimuler qu'il s'attribuait par là les droits incommunicables de la divinité, car il est certain que Dieu doit être préféré à toutes choses (*). Et remarquons que si en une circonstance où un jeune homme riche refuse de vendre ses biens et d'en distribuer le produit aux pauvres pour suivre le Sauveur, Jésus dit qu'il est bien plus difficile à un riche qu'à un pauvre d'entrer dans le royaume du Ciel, c'est que la fortune, donnant au riche les moyens de satisfaire toutes ses passions, cette fortune est le plus grand obstacle à son salut, et s'il ajoute que *ce qui est impossible à l'homme est possible à Dieu*, il veut dire que la grace divine venant au secours du riche qui l'implore le fait triompher des obstacles qui, sans son secours, seraient insurmontables.

Au reste une expérience journalière et bien déplorable ne prouve-t-elle pas la vérité de ce récit évangélique, et combien il trouve son application? En effet combien de gens dans la société chrétienne qui préfèrent leurs intérêts temporels à leurs intérêts spirituels, les biens périssables de ce monde, aux biens éternels de l'autre, dont ils sem-

(*) « Qui me suit, — dit notre Sauveur, — ne marche point » dans les ténèbres. Celui qui ne quitte pas son père, sa mère, » ses frères, ses sœurs, sa femme, ses enfants pour me suivre, » n'est pas digne de moi. » Un pareil langage ne convient qu'à Dieu qui a droit à tout renoncement de notre part.

blent se mettre fort peu en peine? *O pectora cœca!* quel aveuglement!

IX.

Mission de Jésus caractérisée dans les Prophéties.

Cette mission est parfaitement caractérisée dans le prophète Isaïe : « Le Seigneur qui m'a formé » dans le sein de ma mère pour être son serviteur » m'a dit : c'est peu que vous me serviez à répa- » rer les tribus de Jacob et à convertir à moi *quel-* » *ques-uns* d'Israël, je vous ai établi pour être la » lumière des nations et le salut que j'envoie jus- » qu'aux extrémités de la terre. » (Chapitre 49, » vers. 5 et 6.)

« Le juste que je dois envoyer est proche, le » Sauveur que j'ai promis va paraître. Justice va » être faite. Le ciel disparaîtra comme une vaine » fumée, la terre se réduira en poudre comme un » vêtement usé, et ceux qui l'habitent périront » avec elle; mais le salut que je donnerai sera » éternel, et ma justice subsistera à jamais. — » Voici mon serviteur, je le maintiendrai, c'est » mon élu. Mon âme y prend son bon plaisir, j'ai » mis mon esprit sur lui, je l'ai établi juge des » nations. Il ne se retirera point qu'il n'ait réglé » toutes choses sur la terre, et les îles *(les pays* » *éloignés)* attendront sa loi. Ainsi l'a déterminé » l'Éternel, le Dieu fort, le Créateur. » (Isaïe, chapitre 51.)

Dieu parlant au Messie même, lui dit, d'après le même prophète : « Je vous ai appelé pour ef-» fectuer toute justice. Je vous ai pris par la main, » je vous ai établi pour réconcilier avec moi les » nations, pour être leur lumière, pour ouvrir les » yeux aux aveugles, pour tirer des fers ceux qui » en étaient chargés. »

Le Messie parlant à Dieu dans le Psaume 39, s'exprime ainsi : « Vous n'avez voulu ni sacrifice, » ni oblation, ni holocauste pour le péché; alors » j'ai dit : me voici disposé à faire votre volonté, » ainsi qu'il est écrit de moi au commencement du » livre. Votre loi est dans mon cœur, je la ferai » connaître, je publierai votre justice, votre mi-» séricorde, votre vérité, votre salut. De nom-» breux ennemis s'élèveront contre moi, en vou-» dront à ma vie; mais vous serez mon défenseur, » vous les couvrirez de confusion, et tous ceux » qui vous recherchent et qui savent que le salut » vient de vous, feront éclater leurs transports » de reconnaissance et d'amour, et vous serez » glorifié. »

« Le Seigneur satisfera pour moi à la justice » divine, » dit le Psalmiste au dernier verset du Psaume 137.

« Voilà mon serviteur que j'ai choisi, mon bien-» aimé qui fait mes délices. Je répandrai mon es-» prit sur lui, et il annoncera la justice aux na-» tions. Il ne contestera ni ne disputera point. On

» ne l'entendra point crier sur les places publi-
» ques. Il ne brisera point le roseau froissé, ni
» n'éteindra la mèche qui fume encore, jusqu'à ce
» qu'il fasse triompher la justice, et c'est en son
» nom que les nations mettront leur espérance. »
(Isaïe, chap. 42.) Tel devait être le ministère du Messie, ministère de douceur et de mansuétude.

« Qu'ils sont beaux les pieds de ceux qui vien-
» nent annoncer et publier au-dessus des monts la
» paix, le salut, ce qui surpasse tous les biens, le
» règne de votre Dieu, ô Sion! — Le salut se
» manifestera jusqu'aux extrémités de la terre. »
(*Idem*. chap. 52.)

Le Roi-Prophète (Psaume 101) voit dans un avenir peu éloigné luire le jour des miséricordes du Seigneur sur le genre humain; il voit le Seigneur fonder *Sion,* c'est-à-dire, l'Église, et y manifester sa gloire. Du haut du Ciel, du haut de son sanctuaire, il a jeté un regard de compassion sur cette terre; il a eu égard aux humbles prières qui lui ont été adressées; il a entendu les gémissements de ceux qui étaient chargés de chaînes, il les en a déchargés, et a délivré de la mort la postérité de ceux qui y étaient condamnés. Il a résolu de réunir tous les peuples en un seul, ainsi que leurs Rois, pour le servir, craindre son nom, le louer, le publier, le glorifier, ce qui sera le partage du nouveau peuple qui se formera; faits consignés par écrit pour l'instruction de la nouvelle génération. « Les

» fils de vos serviteurs, ô Seigneur, seront établis » dans la paix, — termine le Roi-Prophète, — et » leur postérité sera éternellement dirigée. »

X.

Sur les Paraboles de l'Évangile.

Exposons la parabole de la semence et du semeur :

« Un agriculteur sortit de chez lui pour aller » ensemencer son champ : il se met à l'œuvre. Une » partie de la semence tombe sur le chemin, est » foulée aux pieds et devient la pâture des oiseaux. » Une autre partie tombe sur un terrain pier- » reux, et, une fois levée, est désséchée, faute » d'humidité. Une autre partie tombe au milieu » des ronces et des épines, et en est étouffée, » après être levée. La quatrième partie tombe dans » une terre bien préparée, y fructifie, et rend au » centuple, au temps de la moisson. »

Voici l'explication qu'en donne le Sauveur à ses Disciples :

« La semence est la parole de Dieu prêchée. » Parmi les auditeurs, il en est qui, l'ayant en- » tendue, se laissent aller aux suggestions du dé- » mon qui, pour les empêcher d'être sauvés, ar- » rache cette parole de leur cœur, en leur suggérant » de ne pas y ajouter foi. D'autres, ayant entendu » la parole, la reçoivent avec joie ; mais, n'ayant

» pas de fond, ils n'y croient que pour un temps, » et, au moment des tentations, ils en perdent le » souvenir. D'autres, l'ayant entendue, en sont » détournés par les soins de cette vie, l'appas des » richesses et le charme des voluptés qui étouffent » en eux le fruit qu'elle aurait pu y produire. » D'autres enfin, et *en petit nombre*, écoutent la » parole de Dieu avec attention et d'excellentes » dispostions, la méditent, la retiennent au fond » de leurs cœurs, et en font leur profit en prati- » quant toutes les vertus et surtout la résignation » aux souffrances auxquelles notre humanité est » condamnée. »

Qu'il connaissait bien le cœur humain, celui de la bouche duquel sont sorties ces paroles qui se vérifient chaque jour, parmi ceux qui font profession de Christianisme !

La parabole suivante peint admirablement l'indifférence, l'apathie, la lâcheté de grand nombre de Chrétiens ou soi-disant tels, qui allèguent les prétextes les plus frivoles, pour se dispenser de prendre part au banquet eucharistique.

« Un père-de-famille résolut de donner un » grand festin pour célébrer les noces de son fils. » Tout étant prêt pour recevoir les invités, il les » fit avertir. Mais l'un prétexta, pour refuser l'in- » vitation, qu'il venait d'acheter une maison de » campagne, et qu'il fallait qu'il allât la visiter; » l'autre prit pour prétexte qu'il avait acheté des

» jougs qu'il lui fallait essayer ; le troisième qu'il
» venait de se marier et qu'en conséquence il ne
» pouvait s'absenter de chez lui. Le père-de-fa-
» mille irrité de tous ces refus, fit inviter les pau-
» vres et les malades, les boiteux et les aveugles,
» et la salle du festin se remplit de gens de toute
» sorte. Le père-de-famille y étant entré lui-même,
» aperçut un homme dépourvu de la robe nup-
» tiale. Mon ami, — lui dit-il, — pourquoi êtes-
» vous entré ici, sans vous être revêtu de la robe
» nuptiale ? Le coupable resta muet à ce reproche.
» Alors les serviteurs du père-de-famille reçurent
» l'ordre de garrotter le coupable et de le jeter
» dans le lieu redoutable où il n'y a que ténèbres
» et confusion, pleurs et grincements de dents. »

Cette parabole est répétée en d'autres termes par un autre Évangéliste, avec des circonstances plus frappantes encore, dont j'ai réuni quelques-unes dans le même cadre, mais c'est toujours le même sens.

Celle de la reddition de comptes des serviteurs à leurs maîtres nous apprend à être miséricordieux envers nos frères, si nous voulons que Dieu le soit envers nous, car le Père céleste ne nous rendra pas les dettes que nous aurons contractées envers sa souveraine majesté, si nous ne remettons pas nous-mêmes à nos frères celles qu'ils auront contractées envers nous. Le philosophisme a-t-il jamais rien dit de semblable ?

Quelqu'un est-il revenu de l'autre monde pour nous dire ce qui s'y passe? Telle est la question qu'adressent aux fidèles, avec un certain air de suffisance, les incrédules de mauvaise foi. L'Évangile a soin de répondre à ces insensés, de manière à les confondre par la Parabole du mauvais riche qui, dans les supplices où l'ont plongé, depuis sa mort, sa dureté et sa vie dissolue, après avoir demandé, en vain, un léger soulagement à ses souffrances intolérables, exprime le vif désir que ses proches soient au moins informés de l'horrible situation où il se trouve, pour avoir négligé pendant sa vie de faire le bien, afin qu'ils puissent se préserver du même malheur, par une conduite tout opposée à celle qui lui a mérité de si terribles châtiments; mais auquel il est répondu négativement, avec cette observation si judicieuse et si remarquable : que ses frères, qui lui ont survécu, ont la loi et les prophètes pour leur servir de règle, et qu'ils n'ont qu'à suivre cette règle exactement, comme étant un moyen efficace et bien suffisant pour assurer leur salut.

Il est des gens à courte-vue, qui n'imaginent rien au-delà de ce monde visible, limitant ainsi la puissance du Créateur qui est sans bornes; comme si l'univers matériel, quelque admirable qu'il nous paraisse, n'était pas l'image, quoique faible, des choses invisibles. — L'Apôtre saint Paul prévenu de tant de grâces et qui a eu le privilége d'être ravi jusqu'au troisième Ciel, nous apprend que l'œil n'a jamais rien vu, que l'oreille n'a jamais rien entendu, que l'esprit humain n'a jamais pu comprendre tous les biens inénarrables que Dieu réserve à ses élus.

La parabole du Samaritain et celle de l'enfant prodigue, si souvent répétées dans nos chaires, ne laissent pas de conserver toujours leur charme et leur onction. Ce sont des tableaux qui émeuvent puissamment le cœur, le portent à la vertu, à l'amour du prochain, à la pitié, à la réformation des mœurs. Ah! les incrédules sont inexcusables de rejeter les fondements d'une morale si pure, si compatissante, et qui ferait de la terre un Paradis, si elle était exactement et universellement pratiquée! Qu'auront-ils à répondre au jour du jugement, quand il leur sera demandé compte par le Souverain Juge de leur inconcevable endurcissement?

XI.

Sur les possessions et obsessions, et sur la réalité des miracles.

Au récit que font les Évangélistes de ces possessions et obsessions, que d'exclamations de la part des incrédules! Mais tous les anciens peuples ne croyaient-ils pas à l'existence des démons et des génies? y a-t-il un seul écrivain de ces temps reculés qui n'ait parlé du Génie familier de Socrate, de celui de Pythagore et de tant d'autres personnages célèbres de la Grèce et de l'ancienne Rome? N'avez-vous pas lu ce qu'en dit le sage Plutarque? N'est-il pas souvent parlé dans l'ancien Testament de ceux qui avaient l'esprit de Python, qu'il était défendu aux Israélites de consulter? Le Roi Saül ne viola-t-il pas cette défense, ajoutant cette infraction à tant d'autres qui lui méritèrent d'être rejeté de Dieu? Les convulsions et les mouvements extraordinaires de la Pythonisse sur son trépied, avant de rendre ses oracles à double sens, n'ont-ils pas été attribués aux démons par des gens recommandables, et le nom sacré de Notre Seigneur Jésus-Christ n'a-t-il pas fait taire les oracles, au dire de tous les Pères de la primitive Église? Ce silence presque subit des oracles n'est-il pas attesté par Plutarque et d'autres auteurs Payens?

Pour rejeter les possessions et le pouvoir des puissances infernales sur l'humanité depuis sa chute originelle, comme ont osé le faire les Philosophistes du XVIIIme siècle, et, à leur exemple, tous les prétendus esprits forts, il faut donc se résoudre à nier les faits les mieux constatés, tant de l'ancien que du nouveau Testament, et ceux consignés dans l'histoire ecclésiastique, quoique attestés par des témoins contemporains irréprochables et peu disposés à se laisser surprendre. Il sied bien à des gens éloignés d'un grand nombre de siècles de ces faits, de refuser d'y croire parce qu'ils ne les ont pas vus et qu'ils ne peuvent les comprendre! Ne dit-on pas encore en parlant d'un débauché qu'il est possédé du démon de la luxure, d'un avare qu'il est tourmenté par le démon des richesses? Ces locutions prennent leur source dans l'ancienne croyance générale du pouvoir infernal, dont la destruction devait être une œuvre du Messie.

Les Juifs, ennemis de Jésus, ne pouvant nier ses miracles opérés à la face du Ciel et en présence d'un grand concours de peuple, les attribuaient au démon, dont ils le disaient possédé, ou à un talisman, composé des lettres exprimant le vrai nom de Dieu, et qu'il avait su trouver, prétendaient-ils, dans le temple où il était resté depuis longtemps enfoui. Terribles effets de la prévention!....

« Tout royaume dont les habitants ne s'entendent pas, tout royaume divisé de sentiments » est un royaume perdu, — leur dit si judicieusement Jésus. — Or, si le démon ne s'entend pas » et travaille contre lui-même, son royaume » pourra-t-il subsister? Comment dites-vous donc » que c'est par la vertu du démon que je chasse » les démons? Mais si le doigt de Dieu est visiblement marqué dans cette œuvre, il est certain » que son royaume est à votre porte. » Et c'est en cette occasion qu'une femme du peuple entendant ces paroles pleines de sens, s'écria : *heureuses les entrailles qui vous ont porté et les mamelles qui vous ont allaité !*

Quand Notre Seigneur Jésus-Christ dit *que son royaume n'est pas de ce monde*, il veut parler de ce monde qu'il a anathématisé en disant : *væ mundo propter scandala, malheur au monde à cause des scandales !* mais son royaume est le monde régénéré, spirituel, cette société de saints dont il est le chef, le roi et le pontife, désignée par lui-même ici, sous le nom de royaume de Dieu, qu'il est venu fonder et qui subsistera éternellement, parce que, selon sa promesse, son assistance ne doit jamais lui manquer. *Soyez certains*, a-t-il dit à ses Apôtres, et, en leurs personnes, à tous leurs successeurs dans le saint ministère, *que je suis avec vous, tous les jours, jusqu'à la consommation des siècles.*

Un homme qu'on a décoré du titre fastueux de *philosophe* et qui n'était qu'un *idéologue*, lequel néanmoins a rendu le plus éclatant témoignage à l'Évangile, dans un style magique et qui fera toujours le désespoir des écrivains, a nié la possibilité des miracles ; car, que n'a-t-il pas nié, puis après soutenu ? Que n'a-t-il pas tour-à-tour contesté et défendu, entassant paradoxe sur paradoxe, et abusant de son extrême facilité à manier la plume pour plaider, comme l'on dit, le vrai et le faux ? Mais la discussion, quelque habilement, quelque éloquemment soutenue, ne peut rien contre un fait attesté par des témoignages irrécusables. Or, les miracles, consignés dans l'Évangile en si grand nombre, sont des faits qui ont eu lieu à la face du Soleil, en présence d'une multitude de témoins intéressés à les démentir, et qui n'ont osé les nier. Quel bon sens y a-t-il donc à l'entreprendre après tant de siècles écoulés depuis lors? Ils avaient d'ailleurs été prédits et ces prédictions si multipliées sont entre les mains d'une nation entière qui répond de leur authenticité. Refuser à Dieu le pouvoir d'interrompre les lois naturelles qu'il a librement établies, pour se manifester quand il le juge nécessaire, c'est folie. Mais il y a eu, dit-on, de faux miracles, des miracles supposés. Ceux-ci ne peuvent infirmer les vrais, pas plus que la fausse monnaie ne peut détruire celle de bon aloi. Il y a moyen de les distinguer et de ne pas s'y méprendre. Le faux est l'opposé du vrai et le suppose, comme le mensonge suppose la vérité; le mal, le bien; le vice, la vertu; les ténèbres, la lumière; la nuit, le jour, ce qui a fait dire : *contraria contrariis curantur*. On peut épiloguer là-dessus, on ne détruira pas le principe qui est incontestable. N'y a-t-il pas des gens assez fous pour nier l'existence et qui ne voient devant eux et autour d'eux qu'illusion, que néant? On perd son temps à raisonner avec de pareilles gens. Ceci prouve à quels égarements peut se livrer l'esprit humain, quand il n'est pas retenu et guidé par une autorité infaillible, celle de la révélation.

La réalité des miracles se tire de la certitude de la révélation, car Dieu n'a pu se révéler aux hommes pour leur faire connaître ses volontés que par des opérations surnaturelles. On trouve à la vérité dans l'histoire profane grand nombre de récits surchargés de circonstances merveilleuses. Mais ils sont sans suite, sans aucune liaison entre eux; la plupart établis sur des traditions incertaines, des ouï-dire insignifiants, et ne méritent par conséquent aucune confiance; au lieu que dans l'histoire sainte, c'est une suite continuelle de prodiges liés entre eux par un enchaînement plus merveilleux que les prodiges eux-mêmes, dirigés tous vers le même but; et le but le plus moral, le plus noble, le plus sublime; presque tous prophétiques, ayant par conséquent tous un seul auteur, Dieu, le maître de la nature, des hommes et des choses, le directeur suprême des évènements. Cette différence essentielle entre les uns et les autres n'a pas empêché certains esprits superficiels et irréfléchis de les placer tous dans la même catégorie, en les rejetant tous également comme supposés; mais il n'y aurait jamais eu de faux miracles, nous le répétons, s'il n'y en avait pas eu de véritables.

On a dit que le peuple était enclin au merveilleux : mais cette tendance même, cette disposition du genre humain à croire aux faits surnaturels, ne serait-elle pas un témoignage universel en faveur des miracles, un aveu général qui doit prévaloir sur toute opinion particulière? *Omni in re consensio omnium gentium,* dit l'orateur romain, *lex naturæ putanda est.*

Mais, dit-on encore, comment ne se fait-il plus de miracles? le bras de Dieu est-il racourci? Dans la supposition que cette objection fût fondée, ce que nous sommes bien loin d'accorder, j'y réponds : parce qu'ils seraient inutiles, ou, pour mieux dire, contraires aux vues de Dieu, qui, ne voulant contraindre en aucune manière notre libre arbitre, n'a recours à des moyens extraordinaires que dans des cas exceptionnels. Le Christianisme a été solidement établi, il a fait ses preuves. Elles sont assez lumineuses pour convaincre tout esprit droit qui cherche de bonne foi la vérité et la justice. S'il s'y trouve quelques obscurités, c'est qu'il faut qu'il y ait quelque mérite à croire. *Heureux ceux qui n'ayant pas vu ont cru,* a dit notre Sauveur. Le Soleil a ses taches, des nuages le dérobent souvent à nos regards, il éprouve de temps en temps des éclipses totales : doute-t-on pour cela de sa constante existence? L'Église, établie par le Christ, existe. Son existence ne peut pas être plus contestée que celle du Soleil. Elle a été fondée sur les monts, comme s'exprime l'Écriture, en annonçant si longtemps d'avance son établissement merveilleux (*), pour être perpétuellement en spectacle aux nations, qui toutes doivent y être successivement incorporées. Elle est la colonne et le fondement de toute vérité nécessaire au salut (*), l'interprête infaillible des oracles divins, l'organe du Législateur suprême, qui lui a communiqué son esprit dont elle doit être incessamment animée, jusqu'à la consommation des siècles. Qu'a-t-il donc besoin de se faire entendre désormais? Elle parle pour lui, malheur à tout homme qui refuse de l'écouter!... Il est déjà condamné par la bouche de son divin chef. *Qui ecclesiam non audit, sit tibi sicut ethnicus et publicanus. Docete omnes gentes, qui non crediderit condemnabitur.*

« Vous refusez d'admettre les miracles : d'où » vient donc, dit saint Augustin, dans son admira- » ble ouvrage de *La Cité de Dieu,* qu'en des siècles » si polis le monde a cru sans miracles des choses » tout-à-fait incroyables? direz-vous qu'elles ont » été crues parce qu'elles étaient croyables? que » ne les croyez-vous donc vous-mêmes? Voici quel » est notre raisonnement : ou des choses incroya- » bles qui se voyaient ont persuadé une chose in- » croyable qui ne se voyait pas; ou cette chose » était tellement croyable qu'elle n'avait pas be-

(*) Isaïe, chap. II, vers. 2.

(*) *Ecclesia Dei vivi, columna et firmamentum veritatis.* (Première épître de saint Paul à Timothée, chap. III, vers. 15.)

» soin de miracles pour être crue ; et en ce cas, » comme dans l'autre, vit-on jamais une plus grande » opiniâtreté que celle de nos adversaires ? »

« Vous demandez des miracles, dit encore quel- » que part Saint-Augustin ; mais les miracles du » Sauveur n'ont-ils pas été attribués à la magie, à » Beelzébuth, à la puissance de Satan, Prince des » démons? Les prophéties, l'endurcissement des » Juifs, leur conservation au milieu des nations » qui couvrent le globe, leur dispersion générale » sur sa surface, quand tous les anciens peuples » ont disparu sans retour de la scène du monde, » après y avoir joué la plupart un si grand rôle, » pour faire place à de nouveaux peuples, voilà » en faveur de la divinité du Christianisme des preu- » ves qui ne peuvent-être éludées, et il faut être » dépourvu de tout sens commun, être aussi » aveugle que les Juifs, pour ne pas en sentir la » force. »

L'accomplissement des prophéties est pour nous un miracle continuel, et c'est dans ce sens qu'en une circonstance les Juifs incrédules ayant demandé à Jésus un prodige sur la terre ou dans le ciel : « Cette nation perverse, — répondit le Sauveur, — » n'aura d'autre prodige que celui du prophète » Jonas, demeurant trois jours dans le ventre » d'une baleine. » Ce prodige de l'ancien Testament était une figure, un type prophétique de la résurrection du Sauveur et de sa sortie glorieuse du tombeau, le troisième jour après y avoir été renfermé.

XII.

Sur l'Eucharistie.

Cette institution est annoncée dans le verset 4 du Psaume 110 : « Le Seigneur qui est bon et » miséricordieux, a établi un mémorial de ses » merveilles, il a donné une nourriture à ceux qui » le craignent, » Et dans le Psaume 21 où se trouvent détaillées les principales circonstances de la Passion du Sauveur, on trouve ces paroles : « Les pauvres mangeront et seront rassasiés, et le » Seigneur sera loué par ceux qui le recherchent, » et ils vivront éternellement. Les riches de la » terre ont mangé et ont adoré. » Quelle est cette nourriture devant laquelle on se prosterne, et qui procure la vie éternelle, selon les expressions du Prophète-Roi, accessible aux pauvres comme aux riches?

L'Eucharistie n'est pas seulement la plus grande action de grâces qui puisse être rendue à la divinité, ainsi que l'exprime le nom qu'elle porte; mais encore un festin magnifique auquel sont également conviés, par le Père-de-famille, le pauvre et le riche, pour leur apprendre à s'aimer et à s'estimer mutuellement, comme étant les enfants du Père commun, qui les voit l'un et l'autre du même œil, d'un œil de miséricorde et d'amour. Aussi les contempteurs de cette institution sublime sont-ils les ennemis de l'humanité tout entière. — Cette nourriture, qui donne la force au Prophète de parvenir jusqu'à la montagne sainte, est l'image de l'Eucharistie qui nous fortifie contre les tentations et nous ouvre les portes du Ciel.

Notre Sauveur avait préparé les Juifs et ses Disciples à cette institution par les instructions qu'il leur avait données dans la Synagogue de Capharnaüm, selon le récit de l'Évangéliste saint Jean (chap. 6). « Je suis le pain vivant descendu » du Ciel, — leur avait-il dit, — bien différent » de la manne qui en était la figure, dont vos pè- » res ont mangé, et qui ne les a pas empêchés de » mourir, au lieu que celui qui mange de ce pain- » ci vivra éternellement. Car ma chair est vérita- » blement nourriture et mon sang véritablement » breuvage. Celui qui mange ma chair et boit » mon sang demeure en moi et moi en lui, et je » le ressusciterai au dernier jour, car je commu- » nique la vie à celui qui me mange, comme mon » Père, qui m'a envoyé vers vous, me communique » la vie qu'il tient de lui-même. » Et c'est en cette circonstance que plusieurs de ses Disciples, choqués, scandalisés de cette doctrine, qu'ils ne pouvaient comprendre, l'ayant quitté, Simon-Pierre, sur la demande que fit Jésus à ses douze Apôtres, si eux aussi étaient disposés à le quitter, répondit au nom du collége apostolique par cette belle confession : « A qui irions-nous, Seigneur ? » De votre bouche sortent les paroles de la vie » éternelle, c'est pourquoi nous croyons et nous » reconnaissons que vous êtes le Christ, fils de » Dieu. »

Les Disciples qui se scandalisèrent des paroles du Sauveur, les trouvant *dures* pour leur entendement, ont bien des imitateurs dans ces derniers temps.

Les Ministres et Prédicateurs Protestants citent toujours par prédilection saint Paul, ont toujours à la bouche des passages de cet Apôtre célèbre, qui a si bien compris et expliqué le Christianisme ; mais ont-ils médité soigneusement tout ce que nous enseigne ce grand Apôtre, de l'institution de la Cène, qu'il dit avoir apprise de Jésus-Christ même, et les conséquences rigoureuses qu'il déduit de ses instructions sur cette matière, dans sa première épître aux Corinthiens ?

« Nous avons un autel dont sont à jamais ex- » clus et les Juifs indociles et les Gentils idolâ- » tres. Nous ne formons qu'un seul corps, nous » tous qui participons à un seul et même pain, » qui est le Corps du Christ, et au calice de béné- « diction, qui est son Sang, de même que par la » manducation de la chair des victimes immolées, » le Juif prend part aux sacrifices de l'ancienne » loi et le Gentil idolâtre à ceux offerts aux idoles,

» ou plutôt aux démons, dont je ne veux pas que
» vous deveniez les associés. Vous ne pouvez
» boire le calice du Seigneur et en même temps
» celui des démons, participer à la table du Sei-
» gneur et en même temps à celle des démons.
» Ne vous rendez donc pas coupables envers le
» Corps et le Sang du Seigneur, en mangeant ce
» pain et en buvant le calice du Seigneur indigne-
» ment. Éprouvez-vous en conséquence aupara-
» vant, si vous ne voulez pas manger et boire
» votre propre condamnation par défaut de dis-
» cernement. »

Telle est la doctrine de saint Paul sur l'Eucharistie, telle la doctrine de l'Église catholique, dès le commencement. Ce n'est pas celle des nouveaux réformés, et celle-ci est fausse par la raison qu'elle est nouvelle et opposée aux traditions apostoliques, car la doctrine catholique est celle qui a été *toujours* et *partout* uniformément prêchée, *quod semper, quod ubiquè*, selon la belle maxime de saint Vincent de Lérins, prêtre et religieux du monastère de ce nom, en Provence, dans le vme siècle.

Nous avons un autel : donc nous avons un sacrifice. Qu'elle est la matière de ce sacrifice? le Corps et le Sang du Christ notre Sauveur auxquels nous participons, comme les Juifs et les Gentils participaient à leurs sacrifices (sacrifices figuratifs), en mangeant de la chair des victimes immolées.

Est-ce clair ? et comment peut-on autrement interpréter ou commenter saint Paul ? *Si vous ne mangez la chair du fils de l'homme et si vous ne buvez son sang, vous n'aurez pas la vie en vous*, dit Notre Seigneur Jésus-Christ, *car ma chair est véritablement viande* (nourriture céleste) *et mon sang véritablement breuvage* (breuvage d'immortalité). *Le vin qui fait germer les vierges*, ainsi que s'exprime un Prophète de l'ancienne loi, annonçant, si longtemps d'avance, ce merveilleux don. *Celui qui mange ma chair et qui boit mon sang*, — dit encore notre divin Sauveur, — *demeure en moi et moi en lui, et je le ressusciterai au dernier jour*. Ce Corps et ce Sang adorables sont donc des gages d'immortalité bienheureuse. En s'en privant, en y renonçant par quel motif que ce puisse être, on renonce donc au salut éternel ; on demeure sans excuse en repoussant cette invitation pleine de tendresse, et de mansuétude : *Venez tous à moi, vous qui êtes chargés et je vous soulagerai; je vous déchargerai de toutes vos iniquités et je vous revêtirai de la force d'en haut, je vous rendrai invincibles contre vos ennemis.* C'est joindre la folie à l'ingratitude que de ne pas profiter de ces avertissements salutaires, de ces pressantes sollicitations du bon Pasteur des âmes.

L'apologiste du Christianisme, saint Justin et ses contemporains, saint Ignace d'Antioche et saint Irénée de Lyon, tous trois martyrs, sont unanimes dans l'explication qu'ils nous donnent du festin eucharistique, et s'accordent à dire que recevoir l'Eucharistie, c'était recevoir le propre Corps et le Sang même de Jésus-Christ, et que la toute-puissance du Verbe divin agissait autant, en nous donnant son Corps dans ce sacrement adorable, qu'elle avait agi, en s'en revêtant dans l'Incarnation. Ce langage est celui de tous les Pères de la primitive Église.

Vous êtes Prêtre éternel, selon l'ordre de Melchisédech, dit le Souverain Être au Messie, dans le Psaume 109. Or, selon la remarque de saint Paul (*), l'histoire de l'ancien Testament nous représente Melchisédech, comme Pontife et Roi de Salem (ville de paix), sans nous rien dire de sa naissance, de sa généalogie et de sa mort, offrant le pain et le vin au Dieu des armées, en action de grâces de la victoire remportée par Abraham et ses alliés sur les ennemis, qui emmenaient en captivité Lot, son neveu, avec tous les habitants de la Pentapole, victoire dont l'heureux résultat fut la délivrance des captifs. Le sacrifice de Melchisédech est figuratif; celui de Notre-Seigneur Jésus-Christ est réalité.

L'essentiel du culte c'est le sacrifice, et il ne peut y avoir de culte sans sacrifice. Or, de quel sacrifice entend-il parler si ce n'est de l'auguste

(*) *Epistola B. Pauli ad Hebræos.* (Cap. VII.)

sacrifice de nos autels, ce Prophète de l'ancienne loi, qui dit, en faisant parler le Seigneur : « Mon » nom est grand parmi les nations, — dit le Sei» gneur des armées, — car, depuis le lever du » Soleil jusqu'à son coucher, on me sacrifie en » tous lieux, on offre à mon nom une victime » pure, une hostie sans tache, parce que mon » nom est grand parmi les nations, — dit le » Seigneur des armées? (Malachie, chap. 1, vers. 10, 11.)

La célébration des Saints-Mystères ou du Saint-Sacrifice était désignée dans le IVme siècle de l'Église, comme elle l'est de nos jours, par le nom de *Messe*. C'est un fait certain, attesté par saint Ambroise et que l'on peut opposer avec confiance aux allégations mensongères du protestantisme.

Les Protestants comme les Juifs sont sans autel, sans sacrifice, sans culte. M. de Châteaubriand a donc eu raison de dire que le protestantisme était *illogique*. C'est un mélange de toutes les erreurs anathématisées par les anciens conciles œcuméniques ou généraux. Ils ne veulent aucune représentation de nos mystères, soit par la peinture, soit par la sculpture, soit par la gravure, c'était l'erreur des Iconoclastes. Ils nient la présence réelle : c'était l'erreur de Béranger, qui se rétracta. Ils ont aussi renouvelé les erreurs de Pélage, de Jean Hus, de Jérôme de Prague, de Wiclef. A l'exemple des

Juifs qui refusaient à Jésus-Christ le pouvoir de remettre les péchés, ils refusent ce pouvoir au Ministère ecclésiastique qui l'a reçu de Jésus-Christ même, et ont en conséquence supprimé la confession, quoique pratiquée dans l'Église grecque, séparée de l'Église latine, bien avant l'établissement du protestantisme. Contradictoirement à toute l'antiquité ecclésiastique, ils se sont séparés du centre de l'unité catholique, en rompant avec le siége de Rome, la chaire principale, vrai centre de cette unité, ainsi que nous l'avons démontré. La Communion des saints fait partie de leur symbole, et par une inconséquence inqualifiable, ils ne sont en communication de prières, ni avec les saints qui jouissent de Dieu dans le Ciel, ni avec les âmes des fidèles trépassés, qui, morts en état de grâce, n'ont pas achevé néanmoins de satisfaire en ce monde à la justice divine (*). Leurs variations en matière de foi sont infinies, ainsi que l'a si invinciblement prouvé l'immortel Bossuet. L'anéantissement de la foi a été le triste résultat de leur liberté de conscience. La société, ébranlée jusque dans ses fondements par ce déluge d'écrits, éclos de cerveaux en délire et qui font fermenter toutes les têtes, leur de-

(*) Saint Augustin nous apprend que sa mère Monique lui avait recommandé de ne pas l'oublier dans le Saint-Sacrifice, après sa mort. Que pensent les Ministres protestants de ce passage ?

vra sa ruine, si Dieu n'agit lui-même pour l'arrêter au bord de l'abîme où on la précipite.

L'Apôtre saint Paul prévoyait ces apostasies, ces scissions et séparations dans l'Église de Dieu, quand il recommandait aux fidèles, dans son épître aux Hébreux (chap. 15), d'obéir et de se soumettre à ceux qui étaient préposés au salut de leurs âmes et chargés d'en répondre devant le souverain Juge, et de bien se garder de se laisser séduire par diverses doctrines étrangères à celle qu'avaient enseignée les Apôtres; et les Apôtres eux-mêmes ne disaient-ils pas, selon le témoignage de saint Jude, l'un d'eux (vers. 17, 18, 19) : « Que dans » les derniers temps il paraîtrait des séducteurs » tout charnels, s'abandonnant aux désirs dépra- » vés de leur cœur, se séparant eux-mêmes du » troupeau de Jésus-Christ, vivant dans l'impiété » et n'ayant rien de l'esprit évangélique? » Par l'effet de leurs déclamations insensées, de leurs écrits pervers, qu'une multitude égarée lit avidement, la foi s'éteint dans les cœurs et nous touchons à quelque catastrophe.

Éloignons nos idées d'un avenir aussi sinistre et reportons-les sur un sujet plus consolant.

La Première-Communion.

Quelle cérémonie religieuse plus touchante que celle de la Première-Communion dans le Catholicisme! Cette Procession solennelle aux fonts pour y renouveler les vœux du baptême; vœux prononcés une première fois par des parrains et des marraines, servant de cautions aux nouveaux-nés et acceptés comme tels par l'Église; cette promesse faite à Dieu d'être fidèle à son saint Évangile, ces engagements pris à la face du Ciel et de la Terre et scellés par le don le plus précieux que puisse faire le Créateur à sa créature, puisqu'il se donne lui-même en témoignage d'une alliance éternelle, indissoluble de sa part; ces chants, ces cantiques sacrés; ce brillant luminaire; ces sons graves et mélodieux de l'orgue se mêlant aux prières publiques; ces parfums d'une agréable odeur, qui s'élèvent avec les prières vers le Ciel; cet autel magnifiquement orné et décoré de fraîches guirlandes de fleurs naturelles ou artificielles; ces vierges timides et ingénues, dont le maintien modeste, les vêtements éclatants de blancheur et les couronnes de roses blanches, qui ceignent leur front candide, attestent l'innocence baptismale ou conservée ou recouvrée; cet immense concours de fidèles s'associant à l'œuvre de piété la plus éminente; ces exhortations pathétiques du pasteur avant et après la distribution du *Pain des Anges*; tout concourt à donner à cette sainte et auguste cérémonie, un caractère de grandeur inconnu à toute l'antiquité payenne. Qu'un incrédule y assiste, il saura nous dire, pour peu qu'il ait le cœur sensible, s'il n'en a pas été ému, jusqu'à verser des larmes d'attendrissement. Ceci me rappelle une belle parole de l'Empereur Napoléon à qui ses généraux demandaient quel avait été le plus beau jour de sa vie? Comptant qu'il allait citer quelqu'une de ces brillantes journées, qui lui ont assuré un si haut rang dans nos fastes militaires : — *Ce fut*, répondit le plus grand capitaine de nos temps modernes, *le jour de ma Première-Communion.*

Si l'on veut savoir ce que pensait de Jésus-Christ, un aussi puissant génie, qu'on lise la conversation pleine d'intérêt et de traits saillants qu'il a tenue sur ce grand sujet avec les généraux Bertrand et Montholon, ses compagnons volontaires d'exil, dans l'île Sainte-Hélène. On la trouvera à la fin de ce volume.

XIII.

Oui, *voilà l'homme,* c'est-à-dire, l'humanité tout entière que la victime expiatoire représente, chargée de tous ses crimes qu'elle va expier, et se livrant aux coups de la justice divine, souverainement offensée, pour concilier la justice et la miséricorde, selon ces belles paroles de l'Écriture : *justitia et pax osculatæ sunt.* Cette auguste victime avait été désignée dans l'ancienne loi, par le bouc émissaire, chargé des péchés de tout le peuple.

XIV.

« Tressaillez d'allégresse, fille de Sion, voici » votre Roi, votre Sauveur, le juste par excellence, » qui vient à vous, monté sur l'ânesse et le poulain » de l'ânesse, car il est pauvre. » (Zacharie, chap. 9, vers. 9.) — Voyez dans l'Évangile, cette circonstance de l'entrée triomphante de Jésus-Christ dans Jérusalem, quelques jours avant sa Passion.

« L'homme qui mangeait le pain avec moi s'est » élevé et déclaré contre moi. — Mes amis m'ont » délaissé. — Frappez le Pasteur, et les brebis, » composant le troupeau, seront dispersées. — Il » a été conduit à la mort comme une brebis à la » boucherie, sans proférer une seule plainte. — » Il s'est chargé de nos iniquités. — Il a pris sur » lui nos douleurs. — Il a été confondu avec les » lépreux. — Il a éte réputé pour un homme » maudit de Dieu. — Il a été méconnu. — Il a » présenté sa joue à celui qui le frappait. — Il a » été mis au rang des plus infâmes criminels. » (Isaïe.)

» J'ai eu à supporter toutes sortes d'opprobres » et d'indignes traitements à cause de vous, Sei- » gneur : mon visage a été couvert de confusion ; » j'ai été étranger à mes frères, parce que le zèle

» de votre maison m'a dévoré, et les offenses » qu'on s'est permises contre vous sont retombées » sur moi.

» Ils ont tenu conseil à mon sujet : Otons-le du » milieu des vivants et qu'il ne soit plus question » de lui sur la terre. Je me suis livré entre les » mains de ceux qui en voulaient à ma vie. Mon » propre héritage a élevé sa voix et rugi contre » moi, comme le lion dans la forêt. — Ils m'ont » abreuvé de vinaigre et de fiel. — Ils m'ont percé » les pieds et les mains. — Ils ont partagé mes » vêtements et tiré ma robe au sort. — Ils ont » compté tous mes os. — Ils ont déversé sur moi » le dédain et le mépris. — Je suis devenu pour » eux un objet de moquerie et de dérision. — » Je suis devenu pour le peuple un sujet d'opprobre et d'abjection. Mon cœur s'est fondu comme » la cire en fusion. — Ma langue s'est attachée à » mon palais. — Mes forces se sont épuisées. — » Il ne s'est trouvé personne qui ait pris ma défense. — Ah ! vous tous qui passez, voyez s'il » est une douleur pareille à la mienne. » (*Psalmiste.*)

Le livre de la Sagesse, écrit originairement en grec par quelque Juif helléniste, ce qui n'a pas empêché quelques Pères et les Rabbins même, de l'attribuer à Salomon, est évidemment plus ancien que l'établissement du Christianisme, puisque les écrivains sacrés du Nouveau-Testament y font quelquefois allusion. Il y en a qui croient que l'un des *Septante* interprètes en a été l'auteur au temps de Ptolémée-Philadelphe, roi d'Égypte. Ce qui a pu faire soupçonner que l'auteur de ce livre était quelque Juif converti au Christianisme, peu après son établissement, c'est qu'on y trouve les paroles suivantes qui sont prophétiques, si elles ont été écrites à l'époque que nous venons de fixer, comme étant celle de la composition de cet ouvrage.

« Circonvenons le juste, puisqu'il contrôle nos » actions et contrarie nos penchants, qu'il nous » reproche l'infraction de la loi, et nous diffame » sur nos mœurs. Il prétend posséder la science » de Dieu, il se dit le fils de Dieu ; il met à nu tou- » tes nos pensées ; sa conduite est diamétralement » opposée à celle des autres, et sa vie est une » critique perpétuelle de la nôtre, ce que nous ne » pouvons voir sans indignation. Il ne fait aucun » cas de nous, et s'abstient de suivre nos traces, » comme si elles conduisaient à l'infamie et au dés- » honneur. Il donne la préférence à des nouveautés, » établissant des maximes de sagesse, jusqu'alors » ignorées, et se glorifie d'avoir Dieu pour père. » Voyons si ses discours sont vrais ; éprouvons le » et sachons ce qui pourra lui arriver. S'il est vrai- » ment ce qu'il dit être, fils de Dieu, voyons si Dieu » prendra sa défense et le tirera d'entre les mains » de ses ennemis. Mettons-le à une rude épreuve,

» exerçons sa patience par les plus horribles tour-
» ments et par les affronts les plus sensibles. Con-
» damnons-le à la mort la plus infâme. D'après ses
» discours il ne peut avoir rien à redouter. »

» C'est ainsi qu'ils se sont égarés en de vaines
» pensées. Leur profonde malice les a aveuglés. Ils
» n'ont pas connu les secrets desseins de Dieu. Ils
» n'ont pas mis leurs espérances dans les récom-
» penses promises aux justes, et ils n'ont tenu
» aucun compte de l'honneur réservé aux saintes
» âmes. Ceux qui ont pris parti pour le démon ne
» peuvent qu'être ses imitateurs. »

Qui ne voit que ce passage remarquable est une peinture fidèle de la conduite des Juifs déicides envers Notre-Seigneur Jésus-Christ !

Accord des Prophéties avec les faits évangéliques.

Quand on lit avec quelque attention le récit de toutes les circonstances de la Passion du Sauveur dans l'Évangile, l'on ne peut s'empêcher d'admirer le parfait accord de toutes ces circonstances, avec les Prophéties qui les annoncent. Il nous reste à en citer une qui nous paraît décisive. Dans le débat qui sélève entre Ponce-Pilate, à qui les Juifs ont amené Jésus-Christ, et qui veut le sauver, et ceux-ci qui veulent le perdre, le Gouverneur romain leur ayant dit de le juger eux-mêmes, selon leur loi, ils répondirent *qu'ils n'avaient pas le pouvoir de faire mourir personne*. Ils venaient de perdre ce pouvoir qu'ils avaient conservé jusqu'alors, et qu'ils exercèrent même pendant leur captivité à Babylone, comme le prouve l'histoire de la chaste Susanne. Donc les temps du Messie étaient arrivés, suivant cette belle prophétie de Jacob : *Le sceptre ne sortira point de Juda, ni l'autorité d'entre ses mains, jusqu'à ce que le Messie soit venu, et il sera l'attente des nations.* Aussi Jean-Baptiste le montrant du doigt aux Juifs, leur dit-il : *Il est au milieu de vous et vous le méconnaissez. Je baptise dans l'eau, mais lui baptise dans le Saint-Esprit, il en a la plénitude.* Et qu'était lui-même Jean-Baptiste? Celui qui avait été annoncé dans le Prophète Isaïe, comme le Précurseur du Messie, devant lui préparer les voies, l'indiquer, non de loin, comme les autres Prophètes, mais le montrer comme présent. Aussi Jésus-Christ dit-il lui-même de Jean-Baptiste, *qu'il est plus que Prophète, parce qu'il fait voir les évènements comme accomplis.*

Jésus a eu donc raison de dire avant de remettre son esprit entre les mains de son Père : TOUT EST CONSOMMÉ. Oui, il n'est rien de tout ce qui a été prédit de moi, dans les Écritures, qui ne soit accompli. C'est pourquoi il ne me reste plus qu'à mourir, et je prie mon Père que ma mort vous soit profitable, et que votre libre arbitre n'y porte aucun obstacle.

XV.

L'établissement de l'Ère des Olympiades correspond à l'an 775, avant Jésus-Christ. A ce nombre d'années ajoutez-en 33, durée de la vie du Sauveur, divisez la somme 808 par 4, intervalle du nombre d'années entre chaque Olympiade, vous aurez pour quotient 202. L'année de la mort du Christ concourt donc avec la 4me de la CCII^{me} Olympiade, à laquelle les anciens rapportent en effet une Éclipse extraordinaire de Soleil. Cette Éclipse ne pouvait être naturelle, puisque la Lune venait de passer le plein, et que les ténèbres durèrent d'ailleurs trois heures, bien plus longtemps qu'il n'arrive dans une Éclipse totale de Soleil.

XVI.

« A la vue de celui qu'ils ont percé, de moi-
» même, il y aura dans Jérusalem un deuil uni-
» versel, tel que celui qui eut lieu dans le champ
» de bataille de Mageddon, et en ce jour, je ré-
» pandrai sur la maison de David et sur les habi-
» tants de Jérusalem, l'esprit de grâce et de prière.
» Il y aura en ce jour-là une fontaine ouverte pour
» laver les péchés et les souillures de la maison de

» David et des habitants de Jérusalem, et je détrui-
» rai jusqu'au nom des idoles de dessus la Terre.
» J'en ôterai l'esprit immonde, — dit le Seigneur
» des armées. — Il n'y aura plus de faux Prophè-
» tes. Des eaux vives sortiront de Jérusalem pour
» se répandre en toute saison, depuis une mer
» jusqu'à l'autre. Je ferai un grand retranchement
» parmi le peuple; j'en disperserai et abandonne-
» rai les deux tiers. Je conserverai l'autre tiers;
» mais je l'éprouverai comme on éprouve l'or et
» l'argent par le feu. Ce tiers invoquera mon nom,
» et je l'exaucerai; je lui dirai qu'il est mon peu-
» ple, et il me dira que je suis le Seigneur son
» Dieu. Il n'y aura plus alors qu'un seul Seigneur
» qui règnera sur toute la Terre. (Zacharie, chap. 12, vers. 13, 14.)

XVII.

» Il faut que tout ce qui a été dit de moi, dans » vos écritures, s'accomplisse, » disait Jésus-Christ aux Juifs. Or, la résurrection du Messie ou du Christ avait été clairement annoncée dans ces divins oracles. « Je resterai libre entre les morts, » est-il dit dans les Psaumes; « vous ne me laisserez pas » dans le tombeau; vous ne permettrez pas que » votre Saint éprouve la corruption; je suis res- » suscité et suis encore avec vous; je me suis en-

» dormi, j'ai sommeillé ; mais je me suis réveillé,
» parce que le Seigneur m'a soutenu. Faites un
» prodige en ma faveur : que mes ennemis le
» voient et soient confondus. Son sépulcre sera
» glorieux, et si le soir il a été un sujet de pleurs,
» il sera le matin le sujet d'une vive allégresse.
» Attendez-moi, — dit le Seigneur, — pour le
» jour à venir de ma résurrection ; car j'ai résolu
» d'assembler les peuples et de réunir les royau-
» mes..... Ce sera alors que je rendrai pures les
» lèvres des peuples, afin que tous invoquent le
» nom du Seigneur, et que tous se soumettent à
» son joug, dans un même esprit. » (*Cette dernière prophétie est de Sophonie,* Chap., 3, vers. 8, 9.) « Il nous a rendu la vie après deux jours,
» et le troisième il nous a ressuscité, et nous vi-
» vrons en sa présence. » (Osée, chap. 6.)

Le Messie, parlant lui-même, dans les Psaumes, s'adresse dans ses tribulations à Dieu, qui seul est grand et fait des prodiges, le prie de prendre sous son invincible protection son âme abandonnée à la merci d'hommes injustes et puissants, acharnés à sa perte sans aucun souci des jugements divins. « Jetez donc, ô mon Dieu, un regard de miséri-
» corde sur votre serviteur, le fils de votre ser-
» vante, qui est pauvre et délaissé. Donnez-lui
» votre empire souverain. Sauvez-moi parce que
» je suis saint. Je ne vous aurai point invoqué en
» vain. Vous avez retiré mon âme des profon-

» deurs de l'Enfer, et toutes les nations, à la vue » de tant de merveilles, accourront à vous, Sei- » gneur, se prosterneront en votre présence et » glorifieront votre nom. »

XVIII.

L'ascension du Sauveur au Ciel est aussi clairement prédite dans les divines écritures, que sa résurrection glorieuse : « Applaudissez au Sei- » gneur qui monte au plus haut des Cieux, » est-il écrit dans les Psaumes. — « Ouvrez-vous, por- » tes éternelles, pour laisser entrer le roi de » gloire, le Seigneur fort et puissant, victorieux » dans les combats qu'il a livrés à Satan, à la mort » et à l'Enfer. »

Ce passage de l'Écriture : *adoravimus ubi steterunt pedes ejus, nous avons adoré les vestiges de ses pieds,* aura peut-être donné lieu à cette pieuse tradition si ancienne, de la trace des pieds du Sauveur, sur le mont d'Olivet, d'où il s'éleva au Ciel en présence de ses Disciples.

XIX.

Sur les Prédictions du Sauveur.

Entre toutes les prédictions sorties de la bouche du Sauveur, celle de la ruine de Jérusalem et de son temple est la plus importante, d'autant qu'elle se trouve réunie avec celle de la fin du monde, dont elle est la figure. Jésus s'approchant de Jérusalem, où il allait se livrer à ceux qui en voulaient à sa vie, pleura, dit l'Évangéliste, sur cette ville infidèle en disant : « Combien de fois ai-je voulu » réunir tous tes habitants comme une poule réu- » nit ses poussins sous ses ailes, et tu ne l'as pas » voulu? Aussi les temps ne sont pas éloignés où » tes ennemis t'environneront de tranchées et de » retranchements, te serreront de près et de tou- » tes parts, te détruiront toi et tous ceux nés dans » ton sein, et ne laisseront de toi pas une seule » pierre, parce que tu n'a pas su connaître le » temps où je suis venu te visiter. » Et se trouvant dans le temple, peu de jours après son entrée dans Jérusalem, il dit à ceux qui lui vantaient sa construction et ses ornements : « Les jours vont venir où » de tout ce que vous voyez il ne restera pas une » seule pierre, » et, continuant ses prédictions, il annonce la dispersion des Juifs échappés à la mort, qui en aura frappé un grand nombre, au milieu de toutes les nations qui les fouleront aux pieds, jusqu'à ce que les temps des nations elles-mêmes soient accomplis; et interrogé, par ses disciples sur l'époque et les signes précurseurs de ces évènements, il les leur donne, en leur annonçant en même temps tout ce qu'ils auront à souffrir à son sujet, et pour la défense de son nom qu'ils seront appelés à publier. La peinture qu'il en fait aurait dû rebuter ses disciples, s'ils n'eussent été fortifiés par sa grace, la force et les lumières de l'Esprit-Saint qui devait leur suggérer tout ce qu'ils auraient à dire devant les tribunaux, les juges, les gouverneurs et les Rois des nations; sans qu'ils eussent besoin de s'en inquiéter. « En ce temps-» là, — ajoute notre Sauveur, — les pères livre-» ront leurs fils à la mort; les frères, leurs frères; » les parens, leurs parens; les amis, leurs amis. » Vous serez pour tous des objets de haine par » rapport à moi; mais je vous certifie qu'il ne se » perdra pas un seul cheveu de votre tête, et que » vous gagnerez votre âme quand on croira vous » la faire perdre. »

Conséquences tirées de la dernière ruine de Jérusalem et de son Temple, en faveur de la venue du Messie.

La ruine du temple, prédite par notre Sauveur et effectuée sous l'Empereur Vespasien par l'armée de Titus son fils et son lieutenant, est une preuve irréfragable contre les Juifs de la venue du Messie.

Ce temple devait être honoré de la présence du Messie, selon cette magnifique prophétie du Prophète Aggée répétée à peu près dans les mêmes termes par le Prophète Malachie. La parole de l'Éternel ayant été adressée à Zorobabel par l'intermédiaire du Prophète Aggée, voici ce que ce saint homme lui dit, de la part du Seigneur, au sujet du temple qui venait d'être rebâti. Supposant que cette seconde maison de prière paraissait à tout le monde fort inférieure à la première : « Quel est » celui d'entre vous, dit-il, qui ait vu cette mai- » son dans son premier éclat, et en quel état la » voyez-vous maintenant? ne paraît-elle pas à vos » yeux comme n'étant point au prix de ce qu'elle » a été? » Mais le Prophète ne voulant pas que cette différence les décourage en aucune sorte, ajoute : « Prenez courage, ô Zorobabel, prenez » courage Josué, fils de Josédec Grand-Prêtre, pre- » nez courage, vous tous qui êtes restés du peuple, » dit le Seigneur des armées, et ne laissez pas de » travailler avec persévérance, parce que mon » esprit ne s'est point retiré de vous. » Cherchant à leur persuader que Dieu ne s'est point départi de l'alliance qu'il avait contractée avec leurs pères, à leur sortie d'Égypte, du temps de Moïse, quoique l'éclat de cette maison semble céder beaucoup à l'éclat de la première, et qu'ils semblent être privés d'une partie des avantages qu'ils possédaient auparavant, il les rassure sur ce point. Et parce que, Dieu ne se révélant point dans le second temple d'une façon aussi particulière que dans le premier, on doutait que le souverain Être voulut mettre sa gloire dans cette seconde maison comme il l'avait mise dans la première, il leur promet, de la part du Seigneur, que dans peu Dieu ferait au milieu d'eux les mêmes merveilles qu'il avait opérées du temps de leurs pères, c'est-à-dire, qu'il les ferait sur la terre, dans la mer et au ciel, comme du temps de Moïse, qu'alors il émouvrait les nations, ferait venir celui qui était leur attente, et que cette maison qu'ils venaient de rebâtir serait véritablement remplie, non de la gloire de l'homme, qui consiste dans l'or et dans l'argent dont Dieu n'a que faire, puisque l'or et l'argent sont à lui, mais de la gloire de Dieu, étant remplie de sa paix. Car tel est le vrai sens des paroles qui suivent : « Car » voici ce que dit le Seigneur des armées, — ajoute le Prophète, — encore un peu de temps et » j'ébranlerai le Ciel, la terre, la mer et tout l'u- » nivers, j'ébranlerai tous les peuples, et le Désiré » des nations viendra, et je remplirai de gloire » cette maison. L'argent est à moi, l'or est aussi » à moi. La gloire de cette dernière maison sera » encore plus grande que celle de la première, et » je donnerai la paix en ce lieu, dit le Seigneur » des armées. » (Chap. 2, vers. 8.)

« Voici, — dit l'Éternel par la bouche du Prophète Malachie (chap. 3, vers. 1), — voici que » je vais vous envoyer mon Ange qui préparera » ma voie devant ma face, et aussitôt le domina- » teur que vous cherchez, l'Ange de l'alliance, si » désiré de vous, viendra dans son temple. Le voici » qui vient, dit le Seigneur des armées. Ma misé- » ricorde s'étendra sur vous. Je vous donnerai ma » paix et vous établirai dans la justice à tout » jamais. »

Or le temple n'existe plus. Il n'en reste pas une

seule pierre, ainsi que l'avait prédit Jésus-Christ (*). Donc le Messie est venu. Les nations ont été éclairées d'une vive lumière, elles ont renoncé à leurs superstitions sacriléges pour n'adresser leurs vœux et leurs adorations qu'au seul Dieu véritable, elles ont été instruites dans la loi du Seigneur qu'elles avaient si longtemps ignorée. Donc toutes les nations ont été bénies en celui qui devait naître d'Abraham selon la chair, suivant la promesse qui lui en avait été faite, ainsi qu'à son fils et à son petit-fils.

Le Ciel s'est réconcilié avec la terre par l'entremise du Médiateur. Le genre humain a été réhabilité et régénéré. Aux malédictions ont succédé les bénédictions les plus abondantes, et ces magnifiques paroles prophétiques ont reçu leur accomplissement.

« Il y a eu accord et conciliation entre la justice » et la miséricorde.... En ce jour-là des eaux vi- » ves sortiront de Jérusalem pour l'ablution des » pécheurs, et toutes les taches, toutes les souillu- » res de la fille de Sion seront lavées et effacées... » Mon Verbe, dit le Seigneur ne sera pas envoyé » en vain, et ne reviendra vers moi qu'après avoir

(*) Julien l'apostat à cherché à convaincre de faux cette prophétie : mais son entreprise et un prodige, dont rend compte l'historien Ammien-Marcellin lui-même, tout payen qu'il était et grand admirateur de Julien, n'ont servi qu'à confirmer la prophétie et à en consommer l'accomplissement.

» accompli la mission qui lui a été donnée.... Le
» salut sera annoncé à tous les peuples et jus-
» qu'aux extrémités de la terre.... Peuple infi-
» dèle et incorrigible, sourd à tous les avertisse-
» ments, peuple ingrat et rebelle qui méconnaissez
» votre Dieu, votre bienfaiteur, et dont j'ai en
» horreur les sacrifices, à cause des dispositions
» de vos cœurs, j'appellerai et je réunirai des par-
» ties de la terre les plus éloignées un nouveau
» peuple à votre lieu et place, et je lui donnerai
» un nouveau nom qui ne lui sera jamais ôté....
» Toute la terre reconnaîtra pour son Dieu le Saint
» d'Israël, votre Rédempteur, ô vous qui êtes restée
» si longtemps stérile et abandonnée, et qui au-
» jourd'hui avez tellement lieu de vous réjouir de
» votre fécondité que vous avez oublié l'opprobre
» de votre veuvage et les jours de confusion de
» votre jeunesse... Que le fils de l'étrangère ne
» dise plus qu'il est séparé et ne fait pas partie de
» mon peuple, dit le Seigneur; que l'eunuque ne
» dise plus qu'il est un bois sec et aride : je réu-
» nirai les uns et les autres dans ma maison qui
» sera une maison de prière pour tous les peuples,
» et j'aurai pour agréables les sacrifices et les ho-
» locaustes qu'ils m'offriront sur mon autel....
» Depuis le coucher du Soleil jusqu'à son lever, le
» nom du Seigneur sera craint et glorifié, quand
» le Rédempteur sera venu.... Mon esprit qui est
» en vous, dit le Seigneur, et mes paroles que j'ai

» placées sur vos lèvres et dans votre bouche y
» résideront ainsi que dans la bouche de vos des-
» cendants et des descendants de vos descendants
» à tout jamais. » (*Isaïe.*)

Est-ce à dire que les descendants d'Israël et de Juda, étrangers jusqu'ici à la nouvelle alliance, en seront à jamais exclus? Lisez avec attention et méditez le Psaume prophétique 117 dont notre Sauveur cite un seul trait aux Juifs, selon sa coutume, en leur annonçant la longue séparation qui devait avoir lieu entr'eux et lui par l'effet de leur obstination à le méconnaître, vous y trouverez leur retour à celui qu'ils avaient rejeté, l'aveu de leur long aveuglement et de ses terribles suites, le jour des miséricordes qui luit enfin pour eux, et qui est le sujet de leur vive reconnaissance qu'ils expriment avec acclamation et de toute l'effusion de leur cœur dont ils ne peuvent contenir les élans. Dieu les a enfin éclairés. Ils bénissent celui qui est venu en son nom, il est leur salut, leur Seigneur et leur Dieu, ils le confessent, l'exaltent comme étant leur protecteur, la seule porte par où l'on entre dans les sentiers de la justice, la pierre angulaire de l'édifice sacré que leurs pères avaient rebutée, et qui en est le fondement, ce qu'ils reconnaissent avec admiration. C'est le jour que le Seigneur a fait, jour heureux, jour d'allégresse et de bénédiction.

Les prophéties déjà accomplies nous répondent

de l'accomplissement de celle-ci et de toutes celles qui n'ont pas eu encore leur accomplissement, comme celle si importante du jugement dernier que notre Sauveur fit à ses Apôtres, dans ce moment solennel où il se disposait à aller satisfaire à la justice de Dieu son Père, justement irrité contre les crimes de l'humanité : jugement dont le résultat effrayant est la séparation irrévocable *du bon grain d'avec l'ivraie au temps de la moisson*, des élus d'avec les réprouvés, des bons d'avec les méchans; car la bonté, la mansuétude, la charité sont des signes non équivoques de prédestination; comme le témoigne notre Sauveur qui a dit que le Ciel et la terre passeront, mais que ses paroles ne passeront point. « Dieu est charité, — dit l'Apôtre » saint Jean, — et celui qui exerce la charité en- » vers son prochain est en union avec Dieu, » et c'est pour lui un grand sujet de confiance en pensant au jour redoutable du jugement auquel le souverain Juge dira aux élus, ainsi que s'exprime le Sauveur : « Venez les bénis de mon Père prendre » possession du royaume qui vous a été préparé » dès le commencement, et où il y aura des joies » sans fin et un bonheur inaltérable ; car j'ai eu faim » et vous m'avez donné à manger, j'ai eu soif et » vous m'avez donné à boire, j'ai été nu et vous » m'avez donné des vêtements, j'ai été malade et » vous êtes venu me visiter ; parce que toutes les » fois que vous l'avez fait à l'un de vos frères, vous

» l'avez fait à moi-même. » — Et aux réprouvés : « Allez, maudits, au feu qui ne s'éteint jamais, ré-
» servé au Diable et à ses Anges, là où il y aura des
» pleurs et des grincements de dents et le ver ron-
» geur du remords qui ne mourra point; car j'ai eu
» faim et vous avez refusé de me donner à manger,
» j'ai eu soif et vous avez refusé de me donner
» à boire, j'ai été nu et vous avez refusé de me
» couvrir, j'ai été malade et vous avec refusé de
» venir me visiter, parce que toutes les fois que
» vous avez exprimé ce refus à l'un de vos frères,
» vous l'avez fait à moi-même. » Vous avez été volontairement méchants, allez vous réunir aux méchants, c'est vous même qui avez disposé de votre sort irrévocable.

Que nos philantropes modernes qui perdent leur temps en vaines utopies méditent profondément sur cette sentence du Dieu de vérité ! Il avait bien mieux qu'eux révélé les moyens de rendre les hommes meilleurs et heureux. Ces moyens sont délaissés aujourd'hui pour des projets chimériques dont on berce une multitude inconstante et irréfléchie, livrée à de faux docteurs, à des empiriques que l'ambition égare, emportée ainsi à tout vent de doctrine, parce qu'elle a abandonné la seule profitable, celle du Salut. Qu'elle y revienne, si elle veut retrouver le bien-être, le bonheur ; elle ne l'obtiendra qu'à ce prix.

XX.

Sur l'historien Josèphe.

Josèphe, ou plutôt Joseph, historien juif est auteur du livre estimable des *Antiquités Judaïques*. Cet écrivain est d'autant plus précieux, qu'étant de race sacerdotale, et fort attaché au Judaïsme, comme il paraît par ses deux livres contre Apion d'Alexandrie, ennemi des Juifs, il ne peut être taxé d'avoir cherché à favoriser le Christianisme. Or le récit qu'il fait de la guerre des Juifs contre les Romains, à laquelle il prit d'abord une si grande part, du siége et de la prise de Jérusalem qui en fut la conclusion et dont il fut le témoin oculaire ne diffère en rien de celui des écrivains ecclésiastiques. Ce récit, qui est affreux, prouve jusqu'à la dernière évidence que la main vengeresse de la justice divine s'était appesantie sur le peuple déicide. Les prodiges, qui précédèrent et accompagnèrent cette guerre, sont rapportés par l'un comme par les autres, et l'historien romain Tacite les relate comme des faits de notoriété publique. Du côté de sa mère, Joseph était issu du sang royal des Asmonéens ou Machabée. Il naquit du temps de l'Empereur Caligula et vivait encore sous Domitien; en sorte qu'il a vécu sous le règne de neuf Empereurs. Devenu prisonnier de Vespasien après la prise de Jotapat qu'il défendait, il sut se concilier sa bienveillance et celle de Titus qui le garda auprès de lui au siège de Jérusalem.

XXI.

Beaucoup d'appelés, mais peu d'élus

Dieu veut que tous les hommes soient sauvés, c'est indubitable ; et tout ce que son divin Fils a fait pour opérer le salut du genre humain, tout ce que fait constamment l'Église, sa fidèle interprète, pour la conversion des pécheurs, le témoigne hautement. Mais, s'il y en a beaucoup qui se perdent pour avoir négligé tant de moyens de salut mis à leur portée, c'est uniquement leur faute, Dieu ne manquant jamais de leur donner toutes les facilités d'éviter leur perdition ; et sur ce sujet rien de plus vrai et de plus opportun que ce vieil adage : *Aide-toi ; Dieu t'aidera*. L'homme étant pleinement libre de choisir entre le bien et le mal, et Dieu l'aidant dans ses bonnes intentions, en ne lui refusant aucune des graces qui lui sont nécessaires, pour le soutenir dans ses louables et généreuses résolutions, il ne doit s'en prendre qu'à lui-même et à ses mauvaises dispositions, s'il se détermine pour le mal au lieu de se porter au bien, et alors il se condamne lui-même au châtiment qu'il a mérité en enfreignant la loi divine. Car, « comme un méde» cin procure la santé à ceux qui aident à leur » rétablissement, — dit saint Clément d'Alexan-

» drie, — de même Dieu donne le salut éternel, » à titre de récompense, à ceux qui coopèrent » avec lui pour acquérir la connaissance de la vé- » rité et pour pratiquer les vertus chrétiennes, » sans laquelle connaissance, sans laquelle pratique, il ne peut y avoir de salut assuré.

ÉPILOGUE.

Je ne puis mieux terminer mon ouvrage, entrepris pour la gloire de Dieu et l'exaltation de sa sainte Église, qu'en citant ces belles paroles consignées dans l'*Émile* du fameux sophiste qu'on a décoré du titre de philosophe de Genève :

» Je vous avoue que la majesté des Écritures » m'étonne : la sainteté de l'Évangile parle à mon » cœur. Voyez les livres des philosophes, avec » toute leur pompe, qu'ils sont petits près de ce- » lui-là ! Se peut-il qu'un livre si sublime et si sim- » ple tout à la fois, soit l'ouvrage des hommes ? Se » peut-il que celui dont il fait l'histoire ne soit » qu'un homme lui-même ? Est-ce là le ton d'un » enthousiaste ou d'un ambitieux sectaire ? Quelle » douceur, quelle pureté dans ses mœurs ! Quelle » grâce touchante dans ses instructions ! Quelle » élévation dans ses maximes ! Quelle profonde » sagesse dans ses discours ! Quelle présence d'es- » prit, quelle finesse et quelle justesse dans ses » réponses ! Quel empire sur ses passions ! Où est

» l'homme, où est le sage qui sait agir, souffrir et
» mourir sans faiblesse et sans ostentation? Quand
» Platon peint son juste imaginaire couvert de tout
» l'opprobre du crime et digne de tous les prix de
» la vertu, il peint, trait pour trait, Jésus-Christ. La
» ressemblance est si frappante que tous les Pères
» l'ont sentie, et qu'il n'est pas possible de s'y trom-
» per... Dirons-nous que l'histoire de l'Évangile est
» inventée à plaisir? Mon ami, ce n'est pas ainsi
» qu'on invente, et les faits (de Socrate par exem-
» ple) dont personne ne doute, sont moins attestés
» que ceux de Jésus-Christ. Au fond, c'est reculer
» la difficulté sans la détruire. Il serait plus incon-
» cevable que plusieurs hommes d'accord eussent
» fabriqué ce livre, qu'il ne l'est qu'un seul en ait
» fourni le sujet. Jamais des auteurs Juifs n'eussent
» trouvé ni ce ton, ni cette morale, et l'Évangile
» a des caractères de vérité si grands, si frappants,
» si parfaitement inimitables, que l'inventeur en se-
» rait plus étonnant que le héros. »

« Fuyez, — dit encore J.-J. Rousseau dans son
» *Émile*, — ceux qui, sous prétexte d'expliquer la
» nature, sèment dans le cœur des hommes de
» désolantes doctrines, et dont le scepticisme ap-
» parent est cent fois plus affirmatif et plus dog-
» matique que le ton décidé de leurs adversaires.
» Sous le hautain prétexte qu'eux seuls sont éclai-
» rés, vrais, de bonne foi, ils nous soumettent
» impérieusement à leurs décisions tranchantes,

» et prétendent nous donner, pour les vrais principes des choses, les inintelligibles systèmes » qu'ils ont bâtis dans leur imagination. Du reste » renversant, détruisant, foulant aux pieds tout » ce que les hommes respectent, ils ôtent aux » affligés la dernière consolation de leurs misères, » aux puissants et aux riches le seul frein de leurs » passions ; ils arrachent du fond des cœurs les » remords du crime, l'espérance de la vertu et se » vantent encore d'être les bienfaiteurs du genre » humain. Jamais, disent-ils, la vérité n'est nuisible aux hommes. Je le crois, comme eux, et » c'est, à mon avis, une preuve que ce qu'ils enseignent n'est pas la vérité. »

« L'abus du savoir, dit enfin J.-J.-Rousseau, » produit l'incrédulité. Tout savant dédaigne le » sentiment vulgaire. Chacun en veut avoir un » à soi. L'orgueilleuse philosophie mène l'esprit » fort, comme l'aveugle dévotion mène les fanatiques. »

« Le désir de n'avoir plus de frein dans ses passions, a dit d'Alembert, la vanité de ne pas penser comme la multitude, ont fait, plutôt encore » que l'illusion des sophismes, un grand nombre » d'incrédules qui, selon l'expression de Montaigne, tachent d'être pires qu'ils ne peuvent. »

Les témoignages que nous venons de citer ne doivent pas être suspects. *Sic ab invitis pectoribus veritas erumpit.*

Citons enfin les paroles non moins frappantes du trop fameux sceptique Bayle :

« Rien de plus insensé que de raisonner contre » des faits, et le tribunal de la philosophie est » incompétent pour juger de la religion chré- » tienne. »

Après des paroles aussi formelles, n'y a-t-il pas lieu de s'étonner d'entendre dire ailleurs à ce sceptique :

« Tout dogme qui n'a pas été homologué, pour » ainsi dire, vérifié et enregistré au parlement su- » prême de la raison et de la lumière naturelle ne » peut qu'être d'une autorité chancelante et fragile » comme le verre (*). »

Mais J.-J.-Rousseau ne disait-il pas à quelqu'un qui lui reprochait les contradictions qui fourmillaient dans ses ouvrages : *Ne savez-vous pas que l'homme d'aujourd'hui n'est pas l'homme d'hier?* Comptez donc maintenant sur la raison qui refuse de se laisser guider par l'autorité. Au lieu des lumières qu'elle vous promettait, vous n'y trouverez que ténèbres, que contradictions, qu'incertitude, qu'égarement.

Qu'une fausse philosophie se taise donc en présence de la prédication évangélique. Le divin fondateur du Christianisme a opposé aux sages du siècle de simples pêcheurs du lac de Tibériade, dé-

(*) Bayle, *Comment. philosoph.*

nués de tous moyens humains, qui ont triomphé néanmoins de toutes les vieilles erreurs du paganisme, de la dépravation universelle, des sarcasmes de l'impiété, de toutes les subtilités, de toutes les objections spécieuses des sophistes, des tourments inouis ordonnés par l'autorité publique contre les sectateurs de la nouvelle doctrine, et la Croix, honteux instrument de supplice destiné aux plus infâmes criminels, la Croix, sujet de scandale pour le Juif et de folie pour le gentil, est devenue le plus beau fleuron de la couronne impériale. *A Domino factum est istud, et est mirabile in oculis nostris.* (Psaume 117, vers. 23.)

L'évangile a été prêché dans les temps les plus éclairés et reçu dans tout l'univers policé malgré toute espèce de contradictions. Les contradicteurs eux-mêmes, abjurant leurs préventions, s'y sont enfin soumis. Six siècles environ après sa propagation, plusieurs peuples l'abandonnèrent, il est vrai, pour adopter une doctrine toute sensuelle, mais ce fut dans des temps d'ignorance et de relâchement et par l'effet de l'invasion des barbares musulmans, qui ne faisaient des prosélytes que par la force des armes, ce qui ne peut faire rien préjuger contre, parce que dans le même temps d'autres nations le recevaient; en sorte qu'on peut dire que l'Évangile a le témoignage du monde entier. Qui suis-je pour résister à ce témoignage universel? La raison me dit-elle de lui préférer le sentiment particulier de quelques hommes aveugles et corrompus ? Ils sont aveugles, car leurs écrits ne renferment que contradictions ; ils sont corrompus, car leur morale théorique et pratique est la préconisation du vice et l'extinction de toute vertu, fondée sur l'athéisme ou un déisme grossier chez la plupart.

Pour refuser de croire à la religion chrétienne, il faut se déterminer à douter de tout. Ce serait d'ailleurs une singulière imposture qu'une religion qui sanctifie les hommes.

Voici ce qu'on lit dans les révélations du Prophète Isaïe, celui des Prophètes de l'ancienne loi qui s'est le plus étendu sur la venue et les œuvres du Messie ou du Christ et que j'engage mes lecteurs à méditer profondément. Après avoir dit à la fin du chapitre 24 que le Seigneur des armées règnerait et serait glorifié sur la montagne de Sion et dans Jérusalem, il ajoute dans le chapitre suivant :

« Le Seigneur des armées donnera à tous les » peuples sur cette même montagne un festin magnifique, composé de mets exquis et d'un vin délicieux. Ce sera sur cette même montagne qu'il » rompra le réseau étendu sur toutes les nations, » et les liens qui les tenaient enchaînées ; qu'il détruira la mort pour jamais ; qu'il tarira les larmes » de tous les yeux, et qu'il ôtera l'opprobre de » son peuple sur toute la terre ; parce que le Seigneur a fait entendre sa parole ; et l'on dira en

» ce jour mémorable : Voici notre Dieu, nous l'a-» vons attendu longtemps avec une sainte impa-» tience, et il nous sauvera. C'est le Seigneur, » nous l'avons reconnu. Nous nous réjouirons et » tressaillerons d'allégresse à cause qu'il a opéré » notre salut, ce qui sera le sujet d'un cantique » d'action de grâce » qui fait la matière du chapitre suivant qu'on peut lire dans le texte pour s'édifier et ranimer sa foi : car on y trouve que « les » portes de Sion sont ouvertes pour donner entrée » à une nation sainte, observant la justice et la » vérité, que les vieilles erreurs ont disparu, et » que la paix, une paix éternelle a été le fruit de » l'espoir que l'on a mis dans le Seigneur, le Dieu » fort qui a opéré tant de merveilles en notre fa-» veur. »

Il ne faut pas se le dissimuler : la grande question qui fait le sujet de cet ouvrage est une question de vie ou de mort. Nous avons prouvé que le Christianisme était une loi de perfectionnement et d'amour. Dieu, Législateur suprême des intelligences a donné cette loi aux hommes, non seulement pour les unir à lui, mais encore pour les unir entr'eux. Le Christ est venu sur la terre y porter le feu de son infinie charité. Eh ! que veut-il autre chose, sinon qu'il embrase tous les cœurs (*)? Vous avez inscrit sur vos drapeaux et

(*) *Ignem veni mittere in terram, et quid volo nisi ut accendatur?* (S. Luc. cap. 12, vers. 49.)

à la tête de vos codes cette devise : *liberté, égalité, fraternité.* Mais est-ce que la loi évangélique ne nous avait pas appris avant vous que la liberté, dont le Christ pouvait seul doter l'homme, était l'affranchissement de ses passions indomptées, sans lequel il était indocile à la règle et étranger à tout ordre ? Ne nous avait-elle pas appris avant vous, cette loi, que tous les hommes étaient égaux devant Dieu ? Ne vous avait-elle pas appris enfin qu'ils étaient tous frères en Jésus-Christ, et tenus par conséquent, les uns envers les autres, à une réciprocité de soins, de services et de sacrifices même, pour opérer le bien de la communauté ? *Aimez-vous et aidez-vous les uns les autres :* voilà ce que la loi évangélique leur répète sans cesse. En dehors de cette loi de grâce et d'amour, vous ne trouverez dans l'homme qu'égoïsme, amour de soi et une froide concentration dans ce *moi* qui tue. En un mot, vous trouverez l'homme insociable. Vos lois civiles, dépourvues de la sanction religieuse, ne serviront qu'à l'aigrir, l'exaspérer ; il les recevra comme un joug insupportable, qu'il travaillera à secouer ; car on lui apprend tous les jours que l'autorité est une servitude dont il doit s'affranchir le plus tôt qu'il le pourra, pour assurer son bonheur, bonheur tout matériel qu'on ne lui promet qu'à ce prix. Ce n'est pas là le langage religieux, langage qui *relie*, qui unit, qui établit et maintient la société humaine. Elle s'est formée à l'instar de la famille d'où elle a tiré son origine; l'ordre et la subordination, la piété et la justice doivent y régner, sous peine de mort. L'arrêt en a été prononcé par le Législateur suprême, et l'expérience des siècles l'a confirmé. Point de civilisation possible sans le Christianisme. Quelle est donc la prétention de ces nouveaux réformateurs? Qui les a établi juges des œuvres de Dieu? Qui a pu les autoriser à les refaire? Est-ce parce qu'ils le méconnaissent, qu'ils pourraient mériter quelque confiance? Leurs utopies sont jugées par les fruits amers qu'elles portent. Gardez-vous donc de ces faux-prophètes, qui viennent à vous, cherchant à vous séduire par des promesses trompeuses. Ce sont vos ennemis comme ils le sont de Dieu, qu'ils osent blasphémer. *Nemo vos seducat inanibus verbis : propter hœc enim venit ira Dei in filios diffidentiæ. Nolite ergo effici participes eorum.* (Épis. B. Pauli. apost, ad Éph. cap, 5, vers. 6, 7.)

Les nouveaux sectaires faisant consister la félicité suprême dans les jouissances temporelles, promettent au peuple, si facile à abuser, une somme de biens, un bien-être matériel, exempts de toute sollicitude pour les besoins de la vie, au mépris des paroles formelles du Sauveur, qui a dit : *il y aura toujours des pauvres parmi vous.* Eh! la pauvreté n'est-elle pas, dans les vues de la Providence, un moyen de salut par la patience à la supporter, et l'occasion qu'elle fournit à ceux qui sont favorisés des biens de la fortune, de soulager leurs frères, membres comme eux de Jésus-Christ? Méditez les leçons que donne le Christianisme, et vous reviendrez de ces utopies insensées, fruits de l'orgueil et de la convoitise, et qui ne tendent qu'à séduire et corrompre les masses en leur faisant envier un bonheur imaginaire, et désirer l'accomplissement de projets irréalisables. L'humanité, depuis sa chûte, est condamnée aux peines et aux misères de cette vie, et au travail, qui d'ailleurs ennoblit l'homme. Les flatteurs du peuple, qui ont l'air de s'apitoyer sur son sort, sont ses plus mortels ennemis. Le Christ, si plein de douceur et de mansuétude, *le Roi pacifique*, a tenu un autre langage au peuple, dont il voulait réellement le salut. *L'homme ne vit pas seulement de pain,* c'est-à-dire, de choses matérielles, a-t-il dit, *mais de la parole de Dieu*, qui éclaire son esprit et purifie son cœur.

Après avoir sapé tous les fondements de l'autorité, bouleversé, anéanti tous les rangs, toutes les distinctions jugées autrefois nécessaires dans tout état policé, il était naturel que les niveleurs dirigeassent leurs attaques contre *la bourgeoisie,* et que ceux qui ne possèdent rien, les prolétaires, ayant part au nouveau pouvoir, celui du nombre ou des masses, et se regardant déjà comme les plus forts, comme les *maîtres souverains,* déclarassent la guerre non seulement *aux riches*, mais à tous ceux qui possèdent quelque chose, sans respect pour les commandements divins, qui consacrent si positivement le droit de propriété; de même qu'après avoir renversé l'État, il était d'une conséquence rigoureuse qu'on proscrivît la famille, fondée par Dieu même (*), et image d'après laquelle s'est établie la société publique, et d'autant mieux consolidée, qu'elle s'est plus rapprochée de ce modèle.

On n'a pas assez senti tout cet enchaînement de conséquences, et il faut toujours qu'une malheureuse expérience vienne éclairer la sagesse humaine, quand il n'y a plus moyen de parer aux suites de son imprévoyance. Car la Providence se réserve toujours de lui donner des leçons en l'abandonnant aux terribles conséquences qui découlent de cette même imprévoyance. Vous avez applaudi peut-être au renversement de l'autorité ecclésiastique. Insensés! celui de l'autorité civile devait suivre.

Guerre aux châteaux, paix aux chaumières : tel fut le cri sauvage acclamé par la horde dévastatrice, au début de la Révolution. Il avait également retenti à l'époque de la prétendue réforme, qui, dès sa naissance, mit toute l'Allemagne en feu. Après avoir détruit les châteaux, l'on tombera sur les chaumières, pour que rien ne soit épargné par les nouveaux Vandales, exécuteurs des justes juge-

(*) *Dixit quoque Dominus Deus : non est bonum hominem esse solum, faciamus ei adjutorium simile sibi* (Gen. cap. 11, vers. 18).

ments de Dieu, contre l'ingrate et irréligieuse humanité.

Quoiqu'en disent nos empiriques modernes du progrès de l'humanité, dans un siècle qui a l'orgueilleuse prétention d'être le siècle des lumières par excellence, toujours est-il certain qu'il faudra entourer le pouvoir, quelque organisation, quelque dénomination qu'on veuille lui donner, de la plus grande considération, pour le faire respecter des masses et le rendre efficace, le pouvoir ayant pour mission expresse de réprimer les coupables tentatives des ennemis de tout ordre et de tout bien, auxquels la société ne peut être livrée sans digue et sans défense : c'est pourquoi, selon la belle maxime de saint Paul, dans son épître aux Romains, « ceux qui font résistance au pouvoir se » révoltent contre Dieu même dont il est *le minis-* » *tre*, et qui veut que l'ordre soit maintenu dans » la société humaine. Il s'attirent par là leur pro- » pre condamnation. Faites le bien, — ajoute le » grand Apôtre, — vous n'aurez rien à craindre » du pouvoir dont vous obtiendrez au contraire » les éloges. » Cette maxime est en opposition formelle avec celle des révolutionnaires qui estiment que *l'insurrection est le plus saint des devoirs*, maxime atroce qui ouvre la porte à tous les désordres, à l'anarchie la plus complète, à l'extinction de tout gouvernement.

Aussi ne vit-on jamais aucun vrai chrétien, ainsi

que l'observent les anciens apologistes du Christianisme, se joindre à ceux qui fomentaient sans cesse des révoltes et des séditions dans l'empire romain, et qui par là hâtèrent sa ruine. Les premiers chrétiens ne connaissaient que la résistance *passive*, quand le pouvoir, méconnaissant ses devoirs, se mettait par ses lois en opposition avec la loi divine. Ils mouraient pour leur Dieu, comme leur Dieu était mort pour eux. Les révolutionnaires et les philosophistes, confondant toutes les idées, appellent cette détermination généreuse *du fanatisme,* et nous, nous l'appelons l'héroïsme de la vertu.

Je conjure mes lecteurs de lire avec attention et de méditer avec soin le Psaume 2, dans lequel le Roi-Prophète dénonce les plus sévères comme les plus justes jugements exercés sur les peuples et les Rois qui se révolteront contre le Seigneur et contre son Christ, qui mettront en oubli ou rejetteront sa loi et ses préceptes et seront sourds aux avertissements du Ministère légalement chargé de continuer l'œuvre du Messie, depuis qu'il s'est assis à la droite de son Père, jusqu'au jour terrible où il viendra, plein de gloire et de majesté, juger *les vivants et les morts*, et faire éclater sa justice après avoir fait éclater sa miséricorde.

Sur le style des Prophéties.

Je n'ai pas besoin de faire remarquer aux gens de goût le genre de beauté des prophéties. On ne peut les lire sans être puissamment ému de tant de simplicité, unie à tant de grandeur, de majesté et d'élévation dans le style. Aussi est-ce cette lecture assidue qui avait inspiré les plus célèbres écrivains du grand siècle.

Notice sur la ville de Jérusalem.

La ville de Jérusalem, l'ancienne *Jébus*, et plus anciennement encore *Salem*, deux noms dont s'est composé le dernier qu'elle a porté, était située vers les sources du torrent de Cédron, à égale distance à-peu-près de la Méditerranée et du lac Asphaltite. Un triple rang de murailles formait son enceinte, dont le circuit est évalué par l'historien Josèphe à 33 stades (6,875 mètres), on y entrait par treize portes. Elle s'étendaient sur plusieurs collines disposées en amphithéâtre, et dont les principales étaient du Nord au Sud celles d'*Acra*, de *Moriah* et de *Sion*. La partie de la ville, située sur la montagne de Sion et la plus élevée, était appelée *haute-ville* ou *cité-de-David*, parce que ce Prince y avait établi sa résidence. Hérode s'y logea depuis dans la citadelle *Antonia*, qu'il avait appelée ainsi pour faire sa cour à Antoine. C'est sur le mont Moriah que fut bâti le magnifique temple de Salomon. A l'Occident de la ville étaient la vallée de *Hinnon* et le quartier dit *Maspha;* à l'Orient, la vallée de *Josaphat* qui la séparait de la montagne des Oliviers et au fond de laquelle coulait le torrent de Cédron. Hors des murs, et au Nord, était le mont *Golgotha* ou *Calvaire*, sur lequel on exécutait les criminels. La population ordinaire de la ville était de 120,000 habitants. Cette population augmentait considérablement par le grand concours de peuple qui s'y rendait non seulement de la Judée, mais encore de toutes les parties de l'Empire romain, aux époques des principales fêtes que les Juifs célébraient, comme Pâque et Pentecôte. Jérusalem, détruite de fond en comble, n'a pas été rebâtie sur l'ancien emplacement qu'elle occupait. Après avoir été longtemps le chef-lieu d'un Patriarchat orthodoxe, et plus tard la capitale d'un royaume chrétien, elle est tombée sans retour au pouvoir des musulmans qui exercent leur culte à côté de celui des Chrétiens. Non loin de l'église du saint Sépulcre se trouve la mosquée d'Omar. Ainsi se vérifie constamment la promesse faite par l'Ange à Agar dans le désert, selon l'historien sacré. Les descendants d'Abraham, selon la chair, sont toujours en face de ses descendants selon l'esprit (*). Ceux qui visitent Jérusalem et

(*) Voici quels sont les termes de cette prophétie consignée dans le livre de la Genèse (Chap. 16) : « Le Seigneur a écouté » votre plainte, — fut-il dit à Agar dans le désert, — vous avez » conçu et vous mettrez au monde un fils que vous nommerez » Ismaël et qui sera père d'une nombreuse postérité. Ce sera un » homme sauvage et hautain. Sa main sera contre tous, et la » main de tous sera contre lui. Mais il dressera ses tentes en face » de celles de ses frères. »

L'indépendance qu'ont toujours conservée les Arabes du désert, les Arabes *scénites*, leurs déprédations continuelles sous le nom de *Bedouins*, leurs conquêtes sous Mahomet, descendant d'Ismaël en ligne directe, selon sa généalogie, l'extension du mahométisme sous les successeurs de ce faux-prophète, prouvent suffisamment l'accomplissement de cette prophétie si ancienne.

ses environs marchent à chaque pas sur des ruines qui attestent sa grandeur passée, et rappellent les souvenirs les plus touchants.

JUGEMENT DE NAPOLÉON

SUR

NOTRE SEIGNEUR JÉSUS-CHRIST

Écrit en **1841**, *d'après les communications du Général* **Montholon**, *et donné aussi par les journaux, comme extrait des* Mémoires inédits du Général **Bertrand**, *qui était avec Montholon l'interlocuteur de Napoléon, dans la conversation de celui-ci sur ce sujet.*

« Il est vrai que le Christ propose à notre foi » une série de mystères. Il commande avec auto- » rité d'y croire, sans donner d'autres raisons que » cette parole épouvantable : *Je suis Dieu.*

» Sans doute il faut la foi pour cet article-là, » qui est celui duquel dérivent tous les autres ar- » ticles. Mais le caractère de divinité du Christ » une fois admis, la Doctrine chrétienne se pré- » sente avec la précision et la clarté de l'algèbre ; » il faut y admirer l'enchaînement et l'unité d'une » science.

» Appuyée sur la Bible, cette Doctrine explique » le mieux les traditions du monde : elle les éclair- » cit, et les autres dogmes s'y rapportent étroite- » ment comme les anneaux scellés d'une même » chaîne. L'existence du Christ, d'un bout à l'au- » tre, est un tissu tout mystérieux, j'en conviens;

» mais ce mystère répond à des difficultés qui sont
» dans toutes les existences. Rejetez-le, le monde
» est une énigme; acceptez-le, vous avez une ad-
» mirable solution de l'histoire de l'homme.

» Le Christianisme a un avantage sur tous les
» philosophes et sur toutes les religions; les chré-
» tiens ne se font pas illusion sur la nature des
» choses. On ne peut leur reprocher ni la subtilité,
» ni le charlatanisme des idéologues, qui ont cru
» résoudre la grande énigme des questions théo-
» logiques avec de vaines dissertations sur ces
» grands objets. Insensés dont la folie ressemble à
» celle d'un enfant qui veut toucher le Ciel avec
» sa main, ou qui demande la Lune pour son jouet
» ou sa curiosité!

» Le Christianisme dit avec simplicité : *Nul
» homme n'a vu Dieu si ce n'est Dieu.* Dieu a ré-
» vélé ce qu'il était; sa révélation est un mystère
» que la raison ni l'esprit ne peuvent concevoir.
» Mais puisque Dieu a parlé, il faut y croire : cela
» est d'un grand bon sens.

» L'Évangile possède une vertu secrète, je ne
» sais quoi d'efficace, une chaleur qui agit sur
» l'entendement et qui charme le cœur; on éprouve
» à le méditer ce qu'on éprouve à contempler le
» Ciel. L'Évangile n'est pas un livre, c'est un être
» vivant avec une action, une puissance qui enva-
» hit tout ce qui s'oppose à son extension. Le voici
» sur cette table, ce livre par excellence (et ici

» l'Empereur le toucha avec respect) : je ne me » lasse pas de le lire, et tous les jours avec le » même plaisir.

» Le Christ ne varie pas; il n'hésite jamais dans » son enseignement, et la moindre affirmation de » lui est marquée d'un cachet de simplicité et de » profondeur qui captive l'ignorant et le savant, » pour peu qu'ils y prêtent leur attention.

» Nulle part on ne trouve cette série de belles » idées, de belles maximes morales qui défilent » comme les bataillons de la milice céleste, et qui » produisent dans notre âme le même sentiment » que l'on éprouve à considérer l'étendue infinie du » Ciel resplendissant, par une belle nuit d'Été, de » l'éclat des astres.

» Non-seulement notre esprit est préoccupé, » mais il est dominé par cette lecture, et jamais » l'âme ne court risque de s'égarer avec ce li- » vre.

» Une fois maître de notre esprit, l'Évangile cap- » tive notre cœur. Dieu même est notre ami, no- » tre père et vraiment notre Dieu. Une mère n'a » pas plus de soins de l'enfant qu'elle allaite. L'âme » séduite par la beauté de l'Évangile ne s'appar- » tient plus, Dieu s'en empare tout-à-fait; il en » dirige les pensées et les facultés, elle est à » lui.

» Quelle preuve de la divinité du Christ! avec » un empire aussi absolu, il n'a qu'un seul but,

» l'amélioration spirituelle des individus, la pureté » de la conscience, l'union à ce qui est vrai, la » sainteté de l'âme.

» Enfin, et c'est mon dernier argument : il n'y » a pas de Dieu dans le Ciel si un homme a pu » concevoir et exécuter, avec un plein succès, le » dessein gigantesque de dérober pour lui le culte » suprême, en usurpant le nom de Dieu. Jésus est » le seul qui l'ait osé. Il est le seul qui ait dit clai- » rement : *Je suis Dieu*. Ce qui est bien différent » de cette affirmation : *Je suis un Dieu*, ou de » cette autre : *Il y a des Dieux*. L'histoire ne men- » tionne aucun autre individu qui se soit qualifié » lui-même de ce titre de Dieu dans le sens ab- » solu. La Fable n'établit nulle part que Jupiter et » les autres dieux se soient eux-mêmes divinisés. » C'eût été de leur part le comble de l'orgueil et » une monstruosité, une extravagance absurde. » C'est la postérité, ce sont les héritiers des pre- » miers despotes qui les ont déifiés. Tous les hom- » mes étant d'une même race, Alexandre a pu se » dire le fils de Jupiter; mais toute la Grèce a » souri de cette supercherie; et, de même, l'apo- » théose des empereurs romains n'a jamais été » une chose sérieuse pour les Romains. Mahomet » et Confucius se sont donnés simplement pour des » agents de la divinité. La Déesse Égérie de Numa » n'a jamais été que la personnification d'une ins- » piration puisée dans la solitude des bois. Les

» dieux Brahma, Vistnou et Ruddiren de l'Inde sont
» une invention psychologique.

« Comment donc un Juif, dont l'existence his-
» torique est plus avérée que toutes celles des
» temps où il a vécu, lui seul, fils d'un charpen-
» tier, se donne-t-il tout d'abord pour Dieu même,
» pour l'Être par excellence, pour le Créateur
» des êtres? Il s'arroge toutes les sortes d'adora-
» tions; il bâtit son culte de ses mains, non avec
» des pierres, mais avec des hommes. On s'exta-
» sie sur les conquêtes d'Alexandre. Eh bien!
» voici un conquérant qui confisque à son profit,
» qui unit, qui incorpore à lui-même, non pas une
» nation, mais l'espèce humaine. Quel miracle!
» l'âme humaine, avec toutes ses facultés, devient
» une annexe de l'existence du Christ.

» Et comment? par un prodige qui surpasse
» tout prodige. Il veut l'amour des hommes, c'est-
» à-dire, ce qu'il est le plus difficile au monde
» d'obtenir, ce qu'un sage demande vainement à
» quelques amis, un père à ses enfants, une
» épouse à son époux, un frère à son frère, en un
» mot, le cœur : c'est là ce qu'il veut pour lui; il
» l'exige absolument, et il réussit tout de suite.
» J'en conclus sa divinité. Alexandre, César, An-
» nibal, Louis XIV, avec tout leur génie, ont
» échoué. Ils ont conquis le monde et ils n'ont pu
» parvenir à avoir un ami. Je suis peut-être le seul
» de nos jours qui aime Annibal, César, Alexan-

» dre.... Le grand Louis XIV, qui a jeté tant d'é-
» clat sur la France et dans le monde, n'avait pas
» un ami dans tout son royaume, même dans sa
» famille. Il est vrai, nous aimons nos enfants;
» pourquoi? nous obéissons à un instinct de la na-
» ture, à une volonté de Dieu, à une nécessité
» que les bêtes elles-mêmes reconnaissent et rem-
» plissent; mais combien d'enfants qui restent in-
» sensibles à nos caresses, à tant de soins que
» nous leur prodiguons! Combien d'enfants ingrats!
» Vos enfants, général Bertrand, vous aiment-ils?
» Vous les aimez, et vous n'êtes pas sûr d'être payé
» de retour..... Ni vos bienfaits, ni la nature ne
» réussiront jamais à leur inspirer un amour tel
» que celui des Chrétiens pour leur Dieu! Si vous
» veniez à mourir, vos enfants se souviendraient
» de vous en dépensant votre fortune sans doute;
» mais vos petits enfants sauraient à peine si vous
» avez existé..... et vous êtes le général Bertrand!
» et nous sommes dans une île, et vous n'avez
» d'autre distraction que la vue de votre fa-
» mille!

» Le Christ parle, et désormais les générations
» lui appartiennent par des liens plus étroits, plus
» intimes que ceux du sang; par une union
» plus intime, plus sacrée, plus impérieuse que
» quelque union que ce soit. Il allume la flamme
» d'un amour qui fait mourir l'amour de soi, qui
» prévaut sur tout autre amour.

» A ce miracle de sa volonté, comment ne pas
» reconnaître le Verbe, Créateur du monde !

» Les fondateurs de religions n'ont pas même
» eu l'idée de cet amour mystique qui est l'essence
» du Christianisme, sous le beau nom de *charité*.

» C'est qu'ils n'avaient garde de se lancer contre
» un écueil ; c'est que, dans une opération semblable,
» *se faire aimer*, l'homme porte en lui-même
» le sentiment profond de son impuissance.

» Aussi le plus grand miracle du Christ, sans
» contredit, c'est le règne de la charité.

» Lui seul, il est parvenu à élever le cœur des
» hommes jusqu'à l'invisible, jusqu'au sacrifice du
» temps ; lui seul, en créant cette immolation, a
» créé un lien entre le Ciel et la Terre.

» Tous ceux qui croient sincèrement en lui ressentent
» cet amour admirable, surnaturel, supérieur,
» phénomène inexplicable, impossible à la raison
» et aux forces de l'homme : feu sacré donné à la
» Terre par ce nouveau Prométhée, dont le temps,
» ce grand destructeur, ne peut ni user la force,
» ni limiter la durée..... Moi, Napoléon, c'est ce
» que j'admire davantage, parce que j'y ai pensé
» souvent ; et c'est ce qui me prouve absolument
» la divinité du Christ.

» J'ai passionné des multitudes qui mouraient pour
» moi. A Dieu ne plaise que je forme aucune comparaison
» entre l'enthousiasme des soldats et la
» charité chrétienne, qui sont aussi différents que

» leur cause ! mais enfin il fallait ma présence, l'élec-
» tricité de mon regard, mon accent, une parole
» de moi : j'allumais le feu sacré dans les cœurs...
» Certes je possède le secret de cette puissance
» magique qui enlève l'esprit; mais je ne saurais
» le communiquer à personne; aucun de mes gé-
» néraux ne l'a reçu ou deviné de moi, je n'ai pas
» davantage le secret d'éterniser mon nom et mon
» amour dans les cœurs, et d'y opérer des prodiges,
» sans le secours de la matière.

» Maintenant que je suis à Sainte-Hélène,.....
» maintenant que je suis seul et cloué sur ce roc,
» qui bataille et conquiert des Empires pour moi?
» Où sont les courtisans de mon infortune? Pense-
» t-on à moi? Qui se remue pour moi en Europe?
» Qui m'est demeuré fidèle? Où sont mes amis?
» Oui, deux ou trois, que votre fidélité immorta-
» lise, vous partagez, vous consolez mon exil.

» Oui, notre existence a brillé de tout l'éclat
» du diadême et de la souveraineté; et la vôtre,
» Bertrand, réfléchissait cet éclat comme le dôme
» des Invalides, doré par nous, réfléchit les rayons
» du Soleil,..... mais les revers sont venus : l'or,
» peu-à-peu, s'est effacé. La pluie du malheur et
» des outrages dont on m'abreuve chaque jour en
» emporte les dernières parcelles. Nous ne som-
» mes plus que le plomb, général Bertrand, et
» bientôt je serai de la terre.

» Telle est la destinée des grands-hommes! telle

» a été celle de César et d'Alexandre, et l'on nous » oublie! Et le nom d'un conquérant, comme ce» lui d'un empereur, n'est plus qu'un thème de » collége! Nos exploits tombent sous la férule » d'un pédant qui nous insulte ou nous loue.

» Que de jugements divers on se permet sur le » Grand-Louis XIV! à peine mort, le Grand-Roi » lui-même fut laissé seul dans l'isolement de sa » chambre à coucher de Versailles.... négligé par » ses courtisans, et peut-être l'objet de leur risée. » Ce n'était plus leur maître! c'était un cadavre, » un cercueil, une fosse, et l'horreur d'une im» minente décomposition.

» Encore un moment..... Voilà mon sort et ce » qui va m'arriver à moi-même..... Assassiné par » l'oligarchie anglaise, je meurs avant le temps, » et mon cadavre va aussi être rendu à la terre, » pour y devenir la pâture des vers.

» Voilà la destinée très-prochaine du Grand-Na» poléon... Quel abîme entre ma misère profonde » et le règne éternel du Christ prêché, aimé, » adoré, vivant dans tout l'univers!..... Est-ce là » mourir? N'est-ce pas plutôt vivre? Voilà la mort » du Christ, voilà celle de Dieu. »

FIN.

AVANT-PROPOS.

Voltaire, en haine du Christianisme, a cherché en toute occasion à déprécier la nation Juive, en la représentant comme une nation chétive, ignorée dans un petit coin du globe de presque tous ses habitants, et n'ayant pris aucune part au progrès successif des sciences, des arts et de la civilisation chez les autres peuples orientaux ou occidentaux. Pour faire voir la mauvaise foi de ce nouveau Julien et réfuter ses vaines allégations, nous n'avons qu'à citer le nom d'*Abraham*, tige de la nation Juive de tout temps si célèbre en Orient, selon le témoignage des plus anciens historiens, les règnes glorieux de *David* et de *Salomon*, qui eurent un si grand retentissement dans les pays les plus reculés de l'Asie, de l'Afrique et de l'Inde, les exploits surhumains des *Machabée* dans les derniers temps de la République de Juda, qui donnèrent lieu à l'établissement du royaume indépendant des *Asmonéens*, et à cette célèbre alliance de la nation Juive avec le peuple Romain et son sénat, alliance qui, par ses termes, prouve en quelle estime était aux yeux du peuple-roi, celui qu'il voulait bien reconnaître pour son allié sous l'Asmonéen Hyrcan Ier de ce nom (*).

Il n'était pas nécessaire d'ailleurs que le peuple, dépositaire des promesses divines en faveur de l'humanité tout entière, remplit la Terre du bruit de ses exploits ou de ses grandes découvertes dans les sciences et les arts. Il fallait au contraire qu'il fût d'abord sédentaire, pour ne pas dissiper le dépôt des *Saintes-Écritures*, confié à ses soins, et par conséquent, simplement agriculteur, et que, fortement constitué néanmoins, toujours sous les regards de la Providence, il pût se multiplier d'âge en âge et de génération en génération, sans de grandes vicissitudes ; et ensuite, sa première destination remplie, se maintenir toujours subsistant avec ses lois particulières, son régime, au milieu des nations auxquelles il devait servir de leçon vivante et d'avertissement perpétuel, et sans cesse garantir et la certitude des promesses, et leur accomplissement. Tout, chez ce peuple, n'était que transitoire : son établissement dans un pays particulier, ses lois civiles et religieuses, ses règlements de police, le soin prescrit à chaque famille de con-

(*) La famille des Asmonéens si illustre parmi les Juifs, tant par les belles actions de plusieurs de ses membres, que par la souveraine sacrificature qui y entra et qu'elle posséda jusqu'à Aristobule frère de Mariamne, qui périt dans un bain à Jéricho par ordre d'Hérode, tirait son nom d'*Asmonée*, père de Siméon, ou Simon, grand-père de *Mathathias*, fils de *Jean* de la race de *Joarib*, qui descendait d'*Aaron*.

server sa généalogie pour rendre incontestable celle du Messie. C'était un peuple à part, destiné à l'isolement. Son culte n'était que figuratif et un acheminement, une préparation à la réalité, à l'accomplissement des promesses, au culte en esprit et en vérité, dégagé de toute affection terrestre, et purifié par ce feu vivifiant dont le divin fils de Marie devait venir embraser les cœurs dociles à ses inspirations, sur toute la surface de la terre, sans distinction de Juifs ou de Gentils, d'hommes libres ou esclaves, tous étant appelés à jouir des bienfaits d'une telle régénération morale.

TABLE DES MATIÈRES.

SECONDE PARTIE.

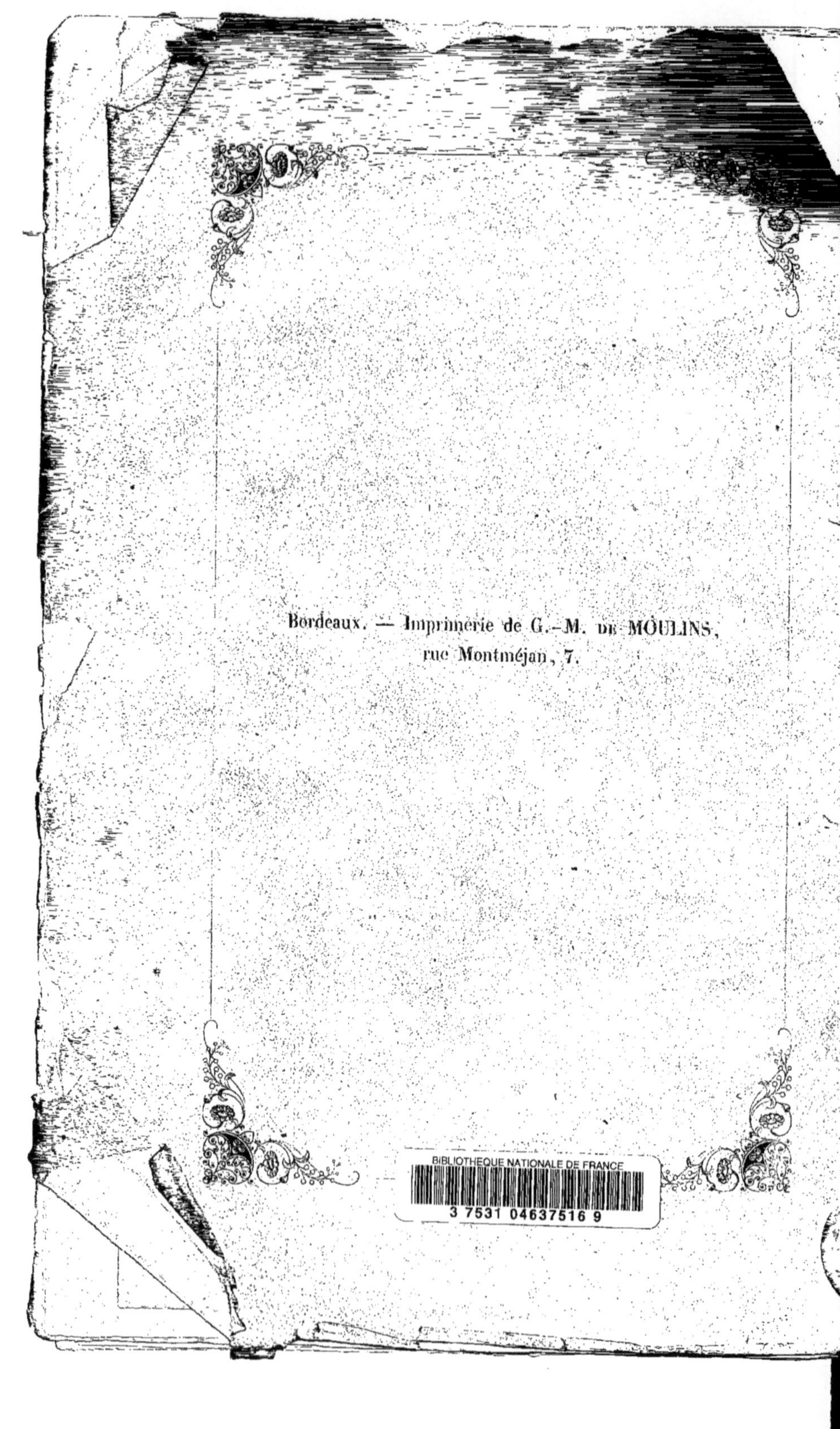

Bordeaux. — Imprimerie de G.-M. DE MOULINS,
rue Montméjan, 7.